기울어진 천칭

2025년 9월 18일 초판 1쇄 발행

| 글 | 서부원 |

책임편집	김세라
디자인	김다솜
그림	김휘승
마케팅	김선민
관리	장수댁
인쇄	정우피앤피
제책	바다제책

| 펴낸이 | 김완중 |
| 펴낸곳 | 내일을여는책 |

출판등록	1993년 01월 06일(등록번호 제475-9301)
주소	전라북도 장수군 장수읍 송학로 93-9
전화	063) 353-2289
팩스	0303) 3440-2289
전자우편	wan-doll@hanmail.net
블로그	blog.naver.com/dddoll

ISBN | 978-89-7746-857-3   03300

ⓒ 서부원, 2025

*이 책의 내용은 저작권법의 보호를 받는 저작물이므로 무단전재와 복제를 금합니다.
*잘못 만들어진 책은 구입처에서 바꿔 드립니다.
*책값은 뒤표지에 있습니다.

가랑비에 옷 젖듯 **극우화되는**
기울어진

글 서부원

내일을여는책

목차

10 _ 책을 펴내며

어른들은 모르는 '고딩'의 일상

20 _ 이팔청춘은 옛말
26 _ 시험 때는 친구도 없다
32 _ 깃털만큼 가벼워진 자퇴와 전학의 무게
39 _ 아이들의 '웃픈' 문해력
45 _ 마약인 듯, 마약 아닌, 마약 같은
50 _ 청년세대의 보수화? 아니, 예능화!
57 _ 요즘 아이들의 '신분증'
64 _ 자본주의와 민주주의가 동의어?
72 _ '엄지족' 아이들

아이들은 어른의 거울!

80 _ 대형 참사의 뼈아픈 교훈도
　　　대학 입시 아래에서는 힘을 쓰지 못했다

86 _ '공유지의 비극'을 방조하는 학교

91 _ 학벌에 따른 차별을
　　　기꺼이 감내하겠다는 아이들

97 _ 돈이 '정의'다?

104 _ 공공성의 가치를 조롱하는 의대생 제자들

110 _ 역사에 살지 말고 현실에 살라?

3장 혐오와 차별을 내면화한 아이들

120 _ 매몰차고 강퍅한 아이들의 '공정함'

127 _ '공정'을 무기로 한 뼛속 깊은 특권 의식

133 _ 양비론에 묻혀버린 장애인 차별

139 _ '시험 능력주의'의 실상

146 _ 여교사에 대한 '사상 검증'

151 _ 혹 떼려다 혹 붙인 섣부른 페미니즘 교육

158 _ 시험 답안지에 버젓이 등장한 '짱깨'

165 _ 일본'인'과 중국'놈'

172 _ 극우가 득시글거리는 남자고등학교 교실 풍경

4장   아이들에게 보내는 기성세대의 반성문

180 _ 태초에 '문제아'란 없었다

188 _ 가짜뉴스를 양산하는 사회,
         무기력한 학교 교육

196 _ 자녀가 머리는 좋은데,
         노력이 부족하다고요?

203 _ 책 읽지 않는 사회,
         퇴행의 명백한 증거

210 _ 아이들의 '나라 걱정'

책을 펴내며

　이 책을 누가 읽게 될까. 출판사든 저자든 책 출간 전에 가장 먼저 생각해야 할 건 주요 독자를 누구로 설정하느냐다. 세대와 성별, 직업 등에 따라 주제도, 내용도, 하다못해 사용하는 어휘도 달라야 하기 때문이다. 독자가 누구냐에 따라 책 표지 디자인의 색깔마저 달라진다는 이야기를 들은 터다.

　그러나 난 호기롭게도 독자를 염두에 두지 않았다. 대한민국 공동체를 이끌어갈 미래 세대 아이들의 '현실'이 소재여서다. 우리나라에서 교육은 예나 지금이나 온 국민의 관심사이며, 입시제도 등을 주제로 토론이라도 벌어질라치면 모두가 교육학자나 행정가 뺨치는 전문가로 변신한다. 교육은 출판계의 영원한 '레드 오션'이면서 '블루 오션'이란 이야기다. 역대 정부마다 전가의 보도처럼 교육개혁을 부르댔지만, 늘 용두사미로 끝나거나 시도조차 못 해보고 좌초했다. 우리 교육이 매번 방향을 잃고 '배가 산으로 간' 건, 역설적으로, 교육에 대한 국민적 관심이 지나쳤던 탓이다. 국민적 관심이 지나쳤다고 에둘렀지만, 기실 이해득실에 따른 극단적 충돌이 교육개혁의 발목을 잡았다.

위대한 철학자 임마누엘 칸트는 "좋은 사람이 좋은 제도를 만드는 게 아니라, 좋은 제도가 좋은 사람을 만든다"라고 일갈했다. 누구든 무릎을 치게 만드는 탁견이다. 하지만 안타깝게도 우리 교육 현실에 부합하지는 않는 금언이다. 교육이 '만인에 대한 만인의 투쟁'의 장으로 전락한 상황에서 그 어떤 제도를 도입해도 백약이 무효였다.

'귤이 회수를 건너면 탱자가 된다.'

우리 교육 현실을 이보다 더 적확하게 설명하는 비유는 없다. 조변석개한 입시제도는 그 명징한 사례다. 본고사의 폐해를 극복하기 위해 학력고사를 시행했고, 단순 암기 능력만으로 아이들의 잠재력을 평가할 수 없다며 학력고사 대신 수능(대학수학능력시험) 체제로 바꾸었다. 이후 수능이 반복적 기출문제 풀이 수업을 부추긴다며 이를 보완한다는 취지로 학생부종합전형이 전격 도입됐다.

지금 학생부종합전형은 편법과 불공정의 대명사가 되어 수능으로 되돌아가자는 주장이 득세하고 있다. '구관이 명관'이라며 5공 시절 학력고사 때가 좋았다는 볼멘소리까지 나오는 형국이다. 모두 개혁이라는 이름을 앞세웠지만, 정작 아이들의 학교생활은 조금도 나아지지 않았고 되레 피폐해져만 갔다. 공부 시간도, 학업에 대한 스트레스도 줄어들기는커녕 늘어만 갔다.

올해로 27년 차 산전수전 다 겪은 교사로서, 참담한 심정으로 고백한다. 교육개혁이라는 미명 아래 아이들은 늘 '실험용 쥐'였고, '씹다 버리는 껌'이었다. 바뀐 제도가 옳은지 그른지, 그들은 토론할 기회도, 판단할 여유도 없었다. 그들에겐 기성세대가 만든 제도에 서둘러 적응하고 충실히 따를 '권리'만 주어졌다. 그들이 교육개혁의 '주체'였던 적은 단 한 번도 없었다. 단언컨대, 입시제도의 변화로 대표되는 교육개혁만으로는 미래 세대 아이들의 행복한 학교생활도, 올곧은 시민으로의 성장도 불가능하다. 교육은 정치와 경제, 사회 구조의 '종속 변수'다. 불의가 판치는 정치와 극단적인 빈부격차, 퇴행을 거듭하는 사회에서 교육만 독야청청할 수는 없는 노릇이다. 생뚱맞지만, 빈부격차를 완화하는 게 최고의 교육개혁 방안일 수 있다.

이 책은 교육개혁의 방안에 대해 일절 언급하고 있지 않다. 한때 학생부종합전형의 전도사를 자임했던 교사로서, 지금껏 시행된 숱한 입시제도의 허점과 보완책을 제시하고 싶었지만, 허황한 욕심이라 여겨 내려놓았다. 단언컨대, 또다시 입시제도의 변화로 공교육 정상화가 가능하다고 떠드는 자는 우리 교육의 현실을 모르는 '문외한' 아니면, '사기꾼'이다.

어쭙잖은 대안 제시보다 요즘 아이들의 '있는 그대로의 모습'을 보여주고 싶었다. 대한민국의 평균적인 고등학생들의 날 것 그대로의 이야기다. 책 속에 거론되는 아이들은 이른바 '강남 8학군'과도 거리가 멀고, 성적이 뛰어난 특목고와 자사고 출신도 아니다. 지방 광역시 소재 인문계 고등학교에 재학 중인 아이들의 일상과 생각을 관찰자 시점에서 가감 없이 담았다.

첫 장에선 과거엔 보기 힘들었던 요즘 아이들의 '신인류적' 모습을 그러모아 묶었다. 독자가 기성세대라면 '설마' 하며 놀랄 것이고, 아이들이라면 대수롭지 않다며 심드렁한 표정을 지을 것이다. 여기서 다루는 '밉상' 아이들은 아직 소수지만, 조만간 다수가 될 듯해 은근히 두렵다. 악화가 양화를 구축한다는 존 그레셤의 법칙은 우리 교육에도 그대로 적용된다.

두 번째 장은 아이들을 탓하기 전에 기성세대부터 성찰하자는 취지로 쓴 글이다. 학부모와 상담하거나 동료 교사들과 대화를 나누다 보면, 자기는 옆걸음질하면서 자녀와 제자들에겐 똑바로 걸으라고 다그치는 '바닷게의 우화'가 떠올라 씁쓸해질 때가 많다. 일례로, 스스럼없이 '돈이 정의'라고 말하는 아이들의 천박함은 기성세대로부터 물려받은 것이다.

셋째 장에선 온갖 혐오와 차별, 특권 의식을 내면화한 요즘 아이들의 세태를 담았다. 오로지 대학 입시에만 매몰되어 교육의 본령을 잃어버린, 껍데기만 남은 우리 교육의 부끄러운 자화상이다. 초등학교 시절부터 줄곧 무한경쟁과 각자도생의 가치관을 체득한 채 살아온 아이들의 메마른 성정은 교육을 통해 바루어지기는커녕 더욱 강팍해졌다. 이 책을 통해 독자와 공유하려는 주제이기도 하다.

 마지막 장은 조금 장황하긴 해도 에필로그 성격이다. 교사이기에 앞서 기성세대의 한 사람으로서, 아이들에게 건네는 반성문이다. 아이들의 모습은 어른들의 거울상이다. 그들을 향해 손가락질하기보다 기성세대가 만든 우리 사회의 모난 구석부터 들춰내 보이고자 했다. 특히 이 장은 아이들과 함께 읽고 토론해 보고 싶다. 서로 생각의 '교집합'이 생길 것이라 확신한다.

 대주제로 묶긴 했지만, 모든 글은 '독립적'인 내용이다. 굳이 순서에 구애받지 말고 아무 페이지나 펴서 읽어도 무방하지만, 이왕이면 첫 장부터 차근차근 읽어 내려가면 좋겠다. 1장보다는 2장이, 2장보다는 3장이 '스트레스의 강도'가 더 세기 때문이다. 읽다가 놀라 멈칫하거나 선뜻 공감이 가지 않아 곱씹게 되는 부분이 적지 않을 듯해 조심스럽기도 하다.

 시장의 좌판에서 팔 물건인 양 글을 펼쳐 놓고 보니 죄다 우리 교육에 대한 '뒷담화'여서 민망하기 그지없다. 교육부와 교육청은 물론, 아이들과 학부모, 심지어 동료 교사까지 흉을 보는 내용이어서 만약에 그들 중에 누가 이 책을 읽는다면 적잖이 불쾌

해할 성싶다. 이름을 굳이 밝히진 않았지만, 누구에 관한 이야기인지 대충 알 테니 말이다. 미리 그들에게 양해를 구한다.

말이 난 김에, 나중에 기회가 닿는다면 '앞담화'를 주제로 삼은 책도 한 권 써보고 싶다. 사실 학교에는 '문제아'보다 '범생이'가 아직 많고, 꾸짖을 내용보다 칭찬하고 자랑할 일들이 더 많다. 칭찬은 고래도 춤추게 한다는데, 어쩌면 비판과 질타보다 응원과 격려가 교육개혁의 전제조건일지도 모른다. 언제부턴가 우리 교육을 향한 비난은 온 국민의 '레저 스포츠'가 됐다.

'좋은 교사란 가르치는 능력이 출중한 사람이라기보다 아이들과 오랜 시간 함께 있어 줄 수 있는 사람이다.'

하루에도 몇 번씩 곱씹는 나의 좌우명이다. 수업 시간은 물론, 쉬는 시간과 점심시간 등 짬이 날 때마다 부러 아이들에게 다가가 대화를 나누려고 애쓴다. 아들뻘 되는 철부지들이지만, 이따금 그들이 무심코 건넨 이야기가 내게 교사로서의 삶을 성찰하게 만드는 죽비소리가 되어 주기도 한다. '교학상장敎學相長'이라는 말의 의미를 절감하게 되는 순간이다.

오래전부터 아이들과의 만남과 소소한 깨달음을 일기 쓰듯 인터넷 매체 〈오마이뉴스〉에 '아이들은 나의 스승'이라는 이름으로 연재하고 있다. 그들의 선하고, 악하고, 유별나고, 때론 황당한 말과 행동들을 교육과 성찰의 마중물로 활용해 왔고, 내 생각을 입혀 불특정 다수의 누리꾼과도 공감하고자 했다. 이 책은 그 연재 글을 발췌해 손본 것이다.

이 글을 쓰고 있는 지금, 이재명 대통령의 당선 이후 정치, 경제, 사회, 문화 등 모든 영역에서 '윤석열 내란'의 상흔을 치유하기 위한 노력이 계속되고 있다. 이른바 '내란 척결'이라는 국민적 염원이 윤석열을 비롯한 내란 범죄자들을 처벌하는 일에 국한될 순 없다. 내란 세력을 단죄하는 건 '기본값'일 뿐, 무도한 그들을 잉태한 사회적 퇴행에 대한 깊은 성찰이 뒤따라야 한다. 교육개혁이 화두가 되어야 하는 이유다.

'윤석열 내란' 당시 법치주의 최후의 보루인 사법부까지 폭도에 의해 침탈당한 배경에는 극단적 이념의 양극화가 똬리를 틀고 있다. 보고 싶은 것만 보고 믿고 싶은 것만 믿는 '확증 편향'이 대한민국을 두 쪽 내버렸고, 이들에게 빌붙어 주판알을 퉁기는 비루한 정치인들이 득시글거린다. 더욱 놀라운 건, 그들의 극우적 행태를 알면서도 지지하는 청년세대가 적지 않다는 점이다.

공교롭지만, 이 책을 통해 요즘 아이들이 가랑비에 옷 젖듯 극우화하는 현실을 보여주고 싶었다. 극우란 정치적 이념에서 비롯된 개념이지만, 교육에서 극우란 이분법적 사고에 길들어 상대를 적대시하고 약자에 대한 혐오와 차별을 옹호하는 현상이다. 언뜻 무관해 보이지만, 아이들이 당연시하는 '시험 능력주의'나 물신주의, 의치대 열풍 등은 극우화의 징후적 현상이다.

그 중심에 유튜브가 있다. 알고리즘이라는 메커니즘에 확증 편향이 더욱 공고해지는 양상이다. 내란을 일으킨 윤석열의 '망상'도 극우 유튜브에서 비롯됐다는 게 각계의 공통된 분석이다. 두렵지만, 이제는 아이들 차례다.

유튜브가 사람들의 머릿속을 좌지우지하는 이 시대에, '느리디느린' 종이책을 펴낸다는 게 뜬금없고 생뚱맞게 느껴지기도 한다. 남녀노소를 불문하고 이미 '읽지' 않고 '보는' 시대다. 활자가 나름 익숙한 세대조차 A4 한 장 분량이 넘어가면 읽기 부담스러워한다. 스마트폰에서조차 손가락으로 스크롤할 필요가 없는, 이미지 같은 짧은 글이 선호되는 세상이다. 하지만, 책만이 이 험한 세상을 구원할 수 있다고 믿는다. '느린' 독서만이 유튜브 중독을 치유하고, 쓰나미처럼 밀어닥치는 극우화를 막아낼 수 있다. 지난 '1.19 서부지법 폭동' 당시 방화 혐의로 10대 청소년이 구속되었고, 1심에서 법정 최고 형량이 선고되었다. 그 참담한 소식을 들으며 수업 시간에 만나는 아이들의 모습이 포개졌다. 부디 이 책이 '항생제'로 활용되기를 소망한다. 우리에겐 시간이 많지 않다.

어른들은 모르는
'고딩'의 일상

이팔청춘은 옛말

 넓은 운동장이 휑하니 비어있다. 하루 중 그나마 여유로운 점심시간인데도 뛰어노는 아이들이 거의 없다. 초임 시절만 해도 고작 10분짜리 쉬는 시간에도 헐레벌떡 뛰어나와 놀다 시작종에 맞춰 교실로 들어가는 아이들이 많았고, 점심시간이면 비가 와도 아랑곳하지 않고 뛰노는 아이들로 운동장은 늘 만원이었다.
 점심을 먹고 급식소를 썰물처럼 빠져나가는 아이들을 뒤따라가 봤다. 골대 앞에서 페널티킥 골내기를 하는 아이들과 운동장 한쪽 구석에서 야구 글러브와 공을 들고 캐치볼 하는 아이들 몇몇이 전부일 뿐, 운동장은 썰렁하다. 볕 좋은 날이면 잘 가꿔진 산책로를 따라 친구들과 함께 거니는 애들이 제법 있었는데, 요즘 들어서는 찾아보기 어렵다. 그 많던 아이들은 대체 다 어디로 간 걸까. 점심을 먹어도 허기가 남았는지 매점에 가는 아이들도 더러 있지만, 대부분은 그대로 교실로 들어간다. 교실은 책상이 삐뚤빼뚤 어수선한 분위기지만, 아이들은 각자 자기 책상에 앉아 무언가에 몰입되어 있다. 가까이 가보니 그들의 손엔 하나같이 스마트폰이 들려있다.

학교에서 요즘 아이들에게 자유 시간을 주면? 둘 중 하나다. 책상에 엎드려 자거나, 스마트폰을 만지작거리는 것. 등하교할 때 버스 안에서, 길을 걸으면서도 손에는 어김없이 스마트폰이 들려있다. 하긴 아침에 잠에서 깨어, 충전된 스마트폰을 켜 간밤에 온 문자를 확인하는 것으로 하루를 시작한다고들 하지 않는가. 이미 생활의 필수품으로 여겨지는 데다 학생인권조례가 시행되면서 학교가 아이들의 스마트폰 소지를 원천적으로 제한하기는 어렵게 됐다. 학교와 학원, 독서실을 하루도 거르지 않고 순례하듯 다녀야 하는, 웬만한 직장인보다 더 바쁜 아이들의 일상에서 스마트폰은 필수품이다. '모래알' 가족끼리의 유일한 연락 수단이기도 하다.

그러나 스마트폰을 이름 그대로 '스마트'하게 활용하는 아이는 그다지 많지 않은 것 같다. 혹자는 '잘만 활용하면 최고의 학습 도구'라고 엄지손가락을 치켜세우지만, 한시도 스마트폰을 손에서 놓지 못하는 아이들의 과잉 의존은 되레 공부를 방해하는 주범으로 인식되고 있다. 더욱이 기억력을 감퇴시키고 집중력을 흐트러뜨린다는 비판이 꾸준히 제기되면서, 학생인권조례에서 스마트폰 소지와 사용 관련 조항만큼은 삭제하자는 주장이 줄곧 제기되고 있다. 스마트폰 사용의 부작용에 대한 학교의 우려는 딱 거기까지였다. 자칫 공부에 방해가 될 수 있다는 것, 그 이상도 이하도 아니다. 그러나 정작 더 큰 문제는 따로 있다. 스마트폰을 갖게 되면서 당최 친구들과 어울려 뛰어놀 줄 모른다는 것, 곧, 한데 모여 몸을 움직이는 놀이가 시나브로 사라지고 있다는 점이다.

혹시나 해서 물어봤다. 얼레를 감으며 연을 한 번이라도 날려봤는지, 팽이치기, 자치기, 비석치기, 아니 또래 친구들과 함께 그 흔한 닭싸움과 구슬치기라도 직접 해본 적이 있는지를. 놀랍게도 모두가 교과서나 부모님을 통해 들어본 적은 있어도 직접 경험한 적은 없다고 말했다. 마치 그런 것들을 봉건시대 전통 풍습인 양 여기는 눈치였다. 그러면서 한다는 말이 이렇다.

"선생님, 스마트폰에 '구슬치기 앱'이 있어 해본 적은 있어요. 스마트폰만 켜면 다 경험할 수 있고 훨씬 재미도 있는데, 굳이 번거롭게 모이고 만들고 할 필요가 있겠어요. 그렇다고 해서 모일 시간도, 공간도, 놀 아이들도 없어요. 다 아시잖아요. 뭘, 새삼스럽게…."

아이들에게 유일하다시피 한 놀이는 컴퓨터 게임이고, 그밖에는 가뭇없이 사라져 버렸다. 스마트폰의 확산은 이를 더욱 부추겼고, 자극적이고 다양한 게임의 개발과 보급은 아이들의 스마트폰 소유욕에 다시 불을 지피는 결과를 가져왔다. 아이들 말마따나, 함께 규칙을 정하고 직접 손으로 만들어 즐기는 놀이는 이제 교과서에서나 배울 수 있는 '지식'이 됐다.

학교마다 연중 가장 큰 행사인 체육대회도 예전만 못하다. 남학교조차 씨름이나 배구 같은 건 사라진 지 이미 오래고, 축구나 농구, 족구 같은 종목조차 몇몇 동아리 아이들의 몫일 뿐 별 인기가 없다. 명색이 체육대회인데, 달리기를 제외하면 OX 퀴즈나 복불복 게임 같은 놀거리 위주로 빠르게 바뀌어 가고 있다. 운동이든 뭐든 땀 흘리는 것 자체가 싫다는 듯, 아이들 대부분은 그늘이 드리워진 스탠드에 삼삼오오 모여 앉아 스마트폰 게임에 열중할 뿐, 학급별로 박수와 함성을 보내며 응원하는 모습은 더 이상 찾아보기 어렵다.

체육대회가 끝나고 주는 응원상은 응원을 열심히 한 학급에 주는 상이 아니라, 운동장 뒷정리를 하라는 의미에서 주는 '봉사상'으로 의미가 바뀌었다. 오죽하면 정부가 난데없이 교육과정에 '학교 스포츠'라는 과목을 끼워 넣고 아이들더러 제발 밖에 나가 놀라고, 뛰라고, 땀을 흘리라고 강제하는 지경이 되었을까. 아이들이 체육대회를 기다리는 이유는 딱 하나, 종일 아무런 눈치 안 보고 스마트폰을 가지고 놀 수 있는 날이기 때문이라고 주저함 없이 말한다. 한 담임교사가 어느 아이와 상담하면서, 자녀로서 부모님께 가장 바라는 걸 한 가지만 말해보라고 했더니 이렇게 적었더란다.

"원 없이 스마트폰을 하게 해주었으면 좋겠다."

자녀가 고작 한둘인 핵가족 시대에 아이들이 가정 내에서 어울림을 배울 기회란 거의 없다. 이는 곧 학교라는 공동체의 가장 중요한 존재 이유이기도 하다. 그러나 공간만 덩그러니 주어진다고 저절로 해결될 수는 없다. 그곳엔 아이들이 몸을 서로 부대끼며 땀 흘릴 수 있는 놀이가 있어야 한다. 함께 어울릴 줄 모르는 아이에게 협동심이 발휘될 수 없고, 다른 친구들을 이해하고 배려하는 마음을 기대하기도 어렵다. 그러다 보면 다른 사람의 생각과 고통에 대한 공감 능력이 떨어질 수밖에 없고, 이는 왕따 문제와 같은 학교폭력이 늘어나는 환경이 확산되는 결과를 초래한다. 가해자를 일벌백계한다고 해서 이러한 구조적 문제가 과연 해결될 수 있을까.

구슬치기조차 스마트폰 화면을 통해 혼자 즐기는 요즘 아이들의 체력 또한 걱정이다. 가장 혈기 왕성한 나이라는 10대 후반 아이들의 체력이 40대 교사들만도 못하다며 한숨짓는 요즘, 스마트폰이 대학 입시로 옴짝달싹 못하게 된 아이들의 몸을 더욱 위축시키고 있다고 탓한다면 지나친 말일까. 아이들의 비만과 스마트폰 보급률의 상관성을 살펴보고 싶을 정도다. 부디 스마트폰의 올바른 사용법을 가정과 학교가 교육시키면 될 일 아니냐고 쉽게 말하지 않길 바란다. 이게 어디 가정과 학교에만 책임을 떠넘길 문제인가. 아이들이 시나브로 스마트폰의 '노예'가 돼 가고 있다. 특단의 대책이 필요하다. 이 글을 쓰고 있는 지금도, 교실과 복도는 스마트폰에 머리를 파묻은 채 손가락을 바삐 놀리는 아이들로 북적인다.

시험 때는 친구도 없다

천기누설인데, 수능 감독 요령에 대해 교사들 사이엔 공공연한 비밀이 하나 있다. 당일 감독관 업무를 수행하는 도중 웬만하면 수험생의 부정행위를 단속하지 말라는 것이다. 시험 중 부정행위는 '예방'하는 것이지 '적발'하는 게 아니라는 선배 교사들의 경험칙이 뒤따른다. 애써 부정행위를 적발해도 철저한 감독에 대해 찬사를 듣기는커녕 온갖 번거로운 업무를 떠안게 된다. 감독관으로서 부정행위의 구체적인 내용을 소명해야 하는 일부터 만만치 않다. 자칫 소송으로 번질라치면 해당 수험생, 보호자와 지루한 법정 공방을 벌여야 할 수도 있다.

그렇다고 확연한 부정행위를 나 몰라라 해서도 안 된다. 예컨대, 시작종이 울리기 전에 문제지를 펼쳐 보았다든지, 종료령이 울린 뒤에도 답안을 제출하지 않고 마킹을 계속하는 일 등을 묵인했다간 큰코다친다. 시험실 내 다른 수험생들로부터 신고당하기에 십상인 까닭이다. 교사들이 수능 감독관 차출을 꺼리는 이유는, 지침 이외의 그 어떤 행동도 용인되지 않기 때문이다. 안내방송에 따라 한 치의 오차 없이 움직여야 한다. 방송보다 먼저 실행하면 시험에 방해됐다고 항의받고, 늦는 경우엔 아예 법적 소송을 당할 수도 있다. 당일 수험생들은 한결같이 '수능 대박'을 외치지만, 감독관들은 '수능 무탈'만을 기도한다. 탐구 영역까지 아무 일 없었다고 해서 안도하기엔 이르다. 말 그대로, 끝날 때까지 끝난 게 아니다. 수능 직후 수험생들이 제기한 온갖 민원이 다 해결되어야 비로소 끝난 것이다.

감독 업무가 다소 느슨했던 학교 시험도 이젠 수능과 별반 다를 바 없이 깐깐해졌다. 감독관 입실부터 문제지 배부와 수합, 문항 정정 등에 이르기까지 교사의 조그만 실수에도 곧장 민원이 제기된다. 종료 시각을 잘못 알려주었다가 봉변을 당한 사례는 뉴스거리도 못 된다. 문항의 오류는 물론, 단순 오탈자도 미리 꼼꼼하게 살펴야 한다. 시험의 공신력을 떨어뜨리는 요인일 뿐더러 추후 재시험을 치러야 하는 경우도 종종 발생한다. 학교마다 방과 후에 교사들이 야근까지 해가면서 교과별로 문제지를 교차 점검하는 건 이젠 필수 과정이 됐다.

교사의 출제 오류로 빚어지는 사달은 아이들과 학부모로부터 민원이 제기될 확률이 100%다. 예상보다 결과가 나쁜 경우 좋은 핑곗거리가 되고, 의사가 관철될 때까지 항의가 빗발친다. 학부모까지 가세하게 되면 '호미로 막을 걸 가래로도 못 막는' 일로 비화하기도 한다. 단순 오탈자로 인한 사소한 오류일지라도 일이 더 커지기 전에 재시험을 치르는 게 보통이다. 어쩔 수 없는 선택일 뿐 상수일 리는 없다. 만약 해당 문제를 맞혔던 아이가 재시험에서 틀리게 되면 또 다른 문젯거리가 될 테니 모두가 맞힐 수 있도록 쉽게 출제하는 게 불문율이다.

  이든 저든 평가의 변별 기능이 무력화하는 것이어서 문제의 소지가 있다. 하여, 학교는 평가와 관련된 민원이 없도록 출제부터 시험 종료까지 전 과정에 총력을 다하고 있다. 연중 교사를 대상으로 하는 연수 프로그램 중 비중이 가장 높은 것도 평가와 관련된 내용이다. 마치 평가가 교육 전체를 틀어쥔 형국이다. 고등학교 교육과정이 대입에 철저히 종속되어 있듯, 교내 시험이 연간 학사일정의 중심이다. 중간고사와 기말고사는 물론, 수능모의평가 날짜에 맞춰 창의적 체험활동과 단체활동 등 다른 교육과정이 '종속 변수'처럼 연동된다. 드물게는 교내외 시험 대비를 위해 소풍과 체육대회, 심지어 수학여행이나 수련회까지 학교장 재량으로 학사일정에서 빼버린 고등학교도 있다. 대입 진학 실적이 학교 교육의 '지상 목표'임을 공공연히 드러낸 셈이다. '꼬리'가 '몸통'을 흔드는 와중에 우리 교육은 껍데기만 남았다.

또다시 교내 시험 중 부정행위가 접수됐다. 교실 내 동급생이 감독관에게 신고한 것이다. 종료령이 울렸는데도 펜을 놓지 않았다는 내용이다. 규정에 따라 종료 3분 전에 답안지 교체가 불가하다는 안내와 함께 시험 종료가 임박했음을 알리는데, 안내방송을 놓친 모양이다. 온전히 그 학생에게 귀책 사유가 있으므로, 학교는 규정에 따라 조치하면 된다. 자백으로 사실 확인이 끝났으니, 조만간 학업성적관리위원회가 열릴 테고 해당 시험 과목은 0점 처리될 가능성이 크다. 조금 가혹하다 싶지만, 규정대로 처리하는 게 학교로선 뒤탈이 없다.

  부정행위 관련 규정은 수능의 그것과 거의 똑같다. 굳이 다른 게 있다면, 수능과 달리 문제지의 표지가 없어 배부 뒤 첫 페이지의 문제를 시작종이 울리기 전에 흘깃 훑어볼 수 있다는 것 정도다. 답안지를 문제지 위에 올려, 보지 못하게 하지만 완벽하게 막을 순 없다. 스마트폰이나 스마트워치를 소지하는 경우는 말할 것 없고, 책상 안에 시험 과목 관련 교과서나 공책이 들어 있는 경우도 부정행위다. 시작종이 울리기 전에 펜을 들어도 안 되고, 도중에 화장실에 가는 것도 금지된다. 수학 영역 시험 때 연습장을 꺼내 푸는 것도 안 된다. 전자기기 소지 사실이 나중에 발각되면 당일 치른 모든 시험이 0점 처리된다는 규정도 있다. 부정행위는 아니지만, 컴퓨터용 수성 사인펜을 사용하지 않거나 서술형 답안을 연필 또는 빨간색 볼펜으로 적은 경우에도 0점을 받게 된다. 학교에서 이토록 촘촘하고 엄격한 규정은 찾기 힘들다.

  시험 때는 친구도 없다. 1~2점 차이로 등급이 갈리는 한 줄 세우기 경쟁에서 친구는 수많은 경쟁자 중 한 사람일 뿐이다. 감독관의 눈엔 별 게 아니다 싶은 것에도 민감하게 반응하고 부정행위 아니냐며 신고한다. 수험생으로서 그로 인해 관계가 소원해지는 건 차후 문제다.

  부정의 반대말은 공정이다. 시험에 대입하면, 정해진 규정을 어긋남 없이 지킨다는 뜻이다. 사용할 볼펜의 색깔까지 지정해 놓을 만큼 지나치다 싶은 규정도 공정이라는 이름으로 당연시된다. 공정에 대한 가치가 강조될수록 규정은 더욱 세세해지고 엄격해진다. 규정의 교육적 의미와 영향 따위를 따져볼 겨를조차 없다. 일부 교사들조차 야멸차고 맹목적이라고 해도 '공정하게' 순위를 매기려면 불가피하다고 여긴다. 시험을 통해 계량화된 점수로 아이의 역량을 판단할 수 없다고 성토하지만, 어쩔 도리가 없다며 이내 고개를 떨군다.

  이 와중에 커닝하다 들킨 '간 큰' 아이가 적발됐다. 걸리면 0점 처리된다는 걸 뻔히 알면서도, 내신 등급을 위해 그 정도 위험은 감수할 수 있다는 생각에서였을까. 그의 표정에는 성적 강박에 따른 불안과 초조가 가득하다. 조마조마하며 커닝 페이퍼를 만

들었을 그가 되레 가엾다는 생각마저 든다.

  손에 장갑을 끼거나 책상 위에 손수건을 올려놓은 채 응시하는 아이들이 종종 눈에 띈다. 긴장하면 손바닥과 얼굴 등에 땀이 흐른다고 하소연한다. 예전엔 수능 시험장에서나 볼 수 있었는데, 요즘 들어선 교내 시험에서도 흔한 풍경이 됐다. 내신이 수능만큼 중요해져서다.

  꼼꼼한 규정과 깐깐한 감독에 몽니 부릴 일은 아니다. 다만, 이것이 과연 공정한 경쟁을 위한 것인지, 나아가 교육의 본령에 부합하는지, 자문해 봐야 할 때다. 시험 한 방으로 인생이 결정되는 후진적인 사회 구조는 방치한 채 시험의 공정성에만 매몰되는 건 불합리하다.

  커닝은 나쁜 짓이다. 그러나 아이들을 십여 년 동안 성적 강박에 시달리게 만든 사회는 더 나쁘다. 종일 손에서 장갑을 벗지 못하는 아이와 신용카드 크기의 포스트잇에 교과서 내용을 옮겨놓은 아이, 친구가 커닝했다고 스스럼없이 신고하는 아이의 모습이 자연스럽게 포개진다.

  무한경쟁과 각자도생의 가치관이 학교 교육을 짓누르는 이 강퍅한 사회가 아이들을 병들게 하고 있다. 쇠고기 부위별로 품평하듯 애먼 아이들을 등급으로 갈라치는 게 과연 교육일 수 있을까. '1등급 학생'이라고 불리는 게 소원이라는 한 아이의 말이 그저 참담할 따름이다.

깃털만큼 가벼워진 자퇴와 전학의 무게

"친구가 다니고 있는 ○○고등학교로 전학을 가고 싶어요. 정원 미달 학교라 학기 중에도 신청만 하면 갈 수 있다고 들었어요."

이쯤 되면 백약이 무효일 성싶다. 중학교 때 성적이 자기보다 뒤처졌던 친구가 고등학교 내신 등급이 자기보다 높다는 사실에 약간 충격을 받은 모양이다.

어떻게든 상위권 대학으로 '간판'을 바꿔 달려는 아이들의 자퇴와 전학 문의가 잇따르고 있다. 몇몇 최상위권 아이들만의 문제가 아니다. 너도나도 주판알 퉁기며 가능성을 타진한다. 전염성이 상당히 강한 현상이다. 배정된 학교에 따라 내신 성적이 달라질 수 있는 현재의 시스템을 아이들은 '복불복'이라고 표현했다. 전학이 대학 진학의 유용한 수단으로 활용되는 모양새다.

오로지 내신 등급을 올리기 위해 관내 외곽은 물론, 다른 지역

학교로의 전학까지 불사하고 있다. 기숙사 시설이 갖춰진 학교라면 두말할 나위 없고, 두어 시간의 등하교 시간도 문제없다고 한다. 같은 점수라도 등급을 올릴 수 있는 학교라면, 나머지는 지엽적인 문제일 뿐이다. 특별한 사정이 아닌 한 관내 일반고에서 다른 일반고로의 전학은 규정상 불가하다. 그러나 예외는 있는 법이다. 지역마다 모집 기간이 다른, 이른바 '특수지 학교'가 있고, 통상 지원한 학교에서 탈락한 아이들을 수용하게 된다. 그런 까닭에 특성화고가 아닌 일반고에 가려는 아이들 중 성적이 최하위권인 아이들의 마지막 보루이기도 하다.

학령 인구의 감소까지 겹쳐 정원을 채우지 못하는 일이 다반사라, 해당 학교에선 학기 중에도 전학을 허용하고 있다. 불과 몇 해 전까지만 해도 몇몇 아이들은 학교 이름을 거론하는 것조차 민망해하던 곳이었는데, 내신 등급이 대입의 결과를 좌우하게 되자 어느새 상위권 아이들이 눈길을 주는 학교가 됐다. 애초 중3 때 '특수지 학교'를 지망하는 아이도 드물지 않다.

참고로, 고교 평준화 지역의 경우 근거리 강제 배정 원칙이 적용되지만, 학생 선택권을 보장한다는 차원에서 여러 배수로 지망 학교를 사전 선택하게 한다. 선호하는 학교가 다들 비슷해 1지망에 써넣은 대로 배정되는 경우도 드물지만, 그렇다고 지망하지 않은 학교에 배정되는 일도 없다. '특수지 학교'도 예외는 아니다.

최상위권은 내신 1등급을 위해 자퇴를 결행하고 상위권조차 '공부 못하는' 학교를 찾아 전학 가는 현실은 예전엔 볼 수 없었던 풍경이다. 내신 성적이 절대적인 영향을 미치는 학생부교과전형과 학생부종합전형이 가져온 부작용이라 할 수 있다. 아이들은 한두 번 교내 시험에서 미끄러지면 그것으로 끝이라고 선선히 말하곤 한다. 뒤처진 내신 등급을 만회하는 방법은 성적을 '리셋'하거나 정시를 준비하는 것뿐이다. 자퇴가 처음부터 다시 시작하는 거라면, 전학은 상위권 아이들이 어렵지 않게 최상위권으로 올라설 수 있는 유용한 대안으로 여겨진다. 요즘 들어서는 중위권 아이들조차 이런 행태에 부화뇌동하는 모습이다.

이야기를 들어보니, 그들은 학교의 다양한 비교과 활동도 별 의미가 없다고 일축한다. 적어도 같은 일반고 사이에선 학생부의 기록이 큰 힘을 발휘하긴 힘들다는 거다. 서울 지역 상위권 대학에 진학하려면 무조건 내신 등급이 높아야 한다고 잘라 말한다. 내신 등급이 우선 뒷받침되지 않으면 아무리 비교과 활동 기록이 풍부해도 그 내용을 인정받기 힘들다고 토로한다.

비교과 활동 기록은 특목고나 자사고 아이들을 선발하기 위한 장치라는 볼멘소리도 나온다. 알다시피, 학교 간 성적 격차를 대입에 반영하지 못하도록, 학생부에 지역명과 학교명을 가려서 제출하게 하고 있다. 그뿐 아니라, 항목별 내용을 기재할 때도 지역명은 쓰지 못하도록 강제하고 있다. 대학의 고등학교 간 차별을 최소화하기 위한 교육 당국의 고육지책이다. 정확히는, 특목고와 자사고 출신에 대한 암묵적인 우대를 막아보려는 취지다.

그러나 뛰는 놈 위에 나는 놈 있는 법, 대학에선 고등학교의 교육과정과 3년 동안 이수한 과목만 봐도, 해당 학교가 어디인지 단박에 알 수 있다. 지역이 어디인지는 몰라도, 일반고의 학생부와 특목고·자사고의 학생부는 삼척동자도 알 수 있을 만큼 확연한 차이가 있다. 이는 대한민국이 출신 학교와 거주지에 따라 사회적 지위가 결정되는 신분 사회로 변모해 가고 있음을 보여준다. 그 아래에서 대다수 일반고 아이들이 '도토리 키재기'식 무한경쟁을 벌이고 있는 셈이다. 학교 이름을 감추는 걸 두고 아이들조차 눈 가리고 아웅 하는 격이라고 조롱하는 이유다. 굳이 이름을 밝히지 않아도 항목별로 기록하면서 특목고와 자사고 출신임을 은연중에 드러내는 방법은 차고도 넘친다. 이게 어디 학생부만의 문제일까마는, 이런 어설픈 지침만으로 난무하는 온갖 편법을 제어하는 건 불가능하다.

요컨대, 낮은 내신 등급을 만회할 수 있는 학생부 기록은 특목고와 자사고 출신 아이들에게 해당할 뿐이다. 지난해 한 명문대의 인기 학과 합격생 중에 특정 특목고와 자사고 출신이 광역자치단체의 일반고 전체 졸업생을 합한 합격생 숫자보다 많았다고 한다. 섣부른 판단일지 모르지만, 이는 비단 명문대의 특정 한두 학과만의 문제는 아닐 것이다.

서울대의 경우, 해마다 신입생의 절반가량이 특목고·자사고 출신과 서울 강남 지역 일반고 졸업생으로 알려져 있다. 상황이 이렇다 보니 특목고, 자사고 등에 진학하지 못한 아이들은 일반고 입학과 동시에 내신 성적에 '올인'할 수밖에 없다. 일반고의 본격적인 대입 수험생활은 고1 때부터다. 공통과목 중심인 고1 때의 내신 성적이 대학의 '간판'을 결정한다는 건 이미 상식이 됐다. 고1 때의 뒤처진 내신 성적을 고2와 고3 때 만회할 수 있다고 믿는 아이는 없다.

대부분의 일반고에서 고2와 고3 때는 개별 선택과목 중심인 데다 내신 등급을 환산하지 않는 진로 과목 위주로 편성되어 있다. 내신 성적의 부담을 줄이고 수능 준비에 최선을 다하라는 학교 차원의 배려다. 동시에 이는, 내신 성적만 반영하는 학생부교과전형과 내신 성적이 절대적인 영향을 미치는 학생부종합전형은 이미 판가름이 났다는 뜻이기도 하다. 근래엔 한술 더 떠 대학의 '간판'이 중3 때 이미 결정된다는 말까지 나오고 있다. 심지어 중1 때 성적이 고3 때까지 그대로 이어진다고 말하는 이도 있다. 고1은 대입 수험생활의 시작이 아니라, 도전의 마지막 기회일 뿐이라는 이야기도 공공연하게 나돈다. 희망 대학의 '간판'을 낮춰 잡는다면 모를까, 고1 때 내신 등급이 자신의 기대에 미치지 못하면 이제 남은 선택지는 정시 아니면 자퇴, 이 둘뿐이었다. 그런데 여기에 중상위권 아이들을 위해 '공부 못하는' 학교로의 전학이라는 선택지가 하나 더 늘어난 셈이다.

지금 지방의 일반고들에서는 맹목적인 내신 경쟁이 불붙은 상태다. 오로지 내신 등급을 올리기 위해 의도적인 유급과 전학이 횡행하고 있다. 법적으로 문제 될 건 없다지만, 인생의 황금기라는 아이들의 고등학교 학창 시절은 만신창이가 됐다고 해도 과언이 아니다. 등급을 놓고 피 말리는 경쟁을 이어가야 하는 마당에 학창 시절이라는 말조차 남우세스럽다. "낯선 환경에 적응하고 다시 친구를 사귀는 건 무척 부담스러운 일일 거다. 신중하게 판단하고 결정해야 한다"라는 말에 학생은 이렇게 답한다.

"어차피 고등학교 3년은 대입을 위한 전쟁터고, 어느 학교에 있든 대입에 보탬이 되는 친구가 아니라면 서로에게 짐만 될 뿐이죠. 친구는 대학에 가서 사귀어도 늦지 않다고 생각해요."

다짜고짜 전학을 가겠다는 아이를 설득하려다 되레 면박만 당했다. 그는 대입으로 고등학교 생활 3년을 보상받을 수 있다고 선선히 말했다. 명색이 인문계 고등학생인데 대입 말고 다른 곳에 한눈을 팔 시간이 어디 있느냐며 되묻기도 했다. 진로에 대한 고민조차 대학에 가서 해도 늦지 않다는 말도 했다. 낯설다 못해 당혹스러운 아이의 답변에 할 말을 잃었다. 수능이 도입되기도 전인 30여 년 전 나의 학창 시절, 그때도 온존한 학벌 구조에다 점수 경쟁도 치열했지만, 지금의 이 정도는 아니었다. 자퇴와 전학조차 대입 전략으로 활용하게 되는 부박한 교육 현실 앞에 교사로서 자괴감이 든다. 동시에, 이렇게 돼 가는 아이들을 향해 누가 자신 있게 돌을 던질 수 있겠나 싶다.

아이들의 '웃픈' 문해력

 오늘도 역사 수업을 하다가 교실이 꺼질 듯 한숨을 내쉬게 된다. 강의에 대한 이해는커녕 교과서에 나오는 기본적인 단어의 뜻조차 모르는 아이가 많아서다. 모르는 단어가 나오면 질문이 나올 법도 한데, 우두커니 앉아 눈만 끔뻑거리는 아이들의 모습이 언뜻 가엾기까지 하다. 관개, 도래, 여세, 천도… 교과서에 자주 등장하는 용어들이다. 외워야 할 사건이나 인물 등의 고유명사가 아니라 일상생활에서 흔히 사용되는 보통명사인데도, 이 평범한 단어들의 뜻을 모른다. 문맥을 통해 대충 의미라도 짐작할 수 있으면 좋으련만, 그마저도 기대하기 힘들다.
 적잖은 아이들이 '관개'와 '관계'를 혼동하고, '도래했다'라는 말을 생소해했다. '여세를 몰아'라는 관용 표현에도 고개를 갸웃거렸다. '여세'라는 한자어의 의미를 모르니, '몰다'라는 동사에서 유추하여 자동차 등을 운전한다는 뜻 아니냐고 반문하기도 했다. 여세가 무슨 말(馬)이나 무기의 이름인 줄 알았다는 거다. 도읍지를 옮겼다는 뜻의 천도라는 단어조차 요즘 아이들에겐 낯선 모양이다. 뒤에 '하다'가 붙으니 동사일 것이라 짐작은 할 테지만, 의미는 별도로 알려줘야 했다. 아뿔싸! 백제의 도읍지인 사비가 부여의 옛 이름이라는 설명을 빼먹었더니, "사비로 천도했다"라는 교과서 서술을 '개인 돈을 들여 도읍지를 옮겼다'라고 이해하는 아이도 있었다.

이쯤 되니 역사 수업인지 국어 수업인지 헷갈릴 지경이다. 몇 해 전까지만 해도 수업 시간에 국어사전을 교과서 옆에 두고 공부할 것을 강조했다. 그때는 찾는 단어 옆에 병기된 한자를 검사 검사 눈에 익히도록 주문했다. 비록 쓸 줄은 모른다 해도, 한자 뜻을 알면 단어의 의미가 명확해지기 때문이다. 지금 교과서 내용 중 모르는 단어를 국어사전에서 일부러 찾아보는 아이는 없다. 믿기지 않겠지만, 국어사전이라는, 종이로 된 실물을 직접 눈으로 본 적이 없다는 아이도 있다. 아이들 대부분은 국어사전을 영어 번역기처럼 스마트폰에 기본 옵션으로 깔린 앱 정도로 이해하고 있었다.

국어 과목을 가르치는 동료 교사는 문장의 주어와 서술어조차 찾지 못하는 아이들이 수두룩해 수업이 제대로 진행되지 않는다고 하소연했다. 의미도 모르는 마당에 맥락을 파악해 작가의 의도를 간파해 내는 건 불가능하다는 거다. '글자'는 읽지만 정작 '글'은 읽어내지 못하는 아이들이 셋 중 한 명은 될 거라며 안타까워했다.

아이들과 상담하거나 그들끼리의 대화를 엿듣다 보면, 사용되는 단어의 종류가 단순하고 같은 말이 반복된다는 걸 알게 된다. 그나마 스마트폰이나 인터넷, 게임 관련 용어를 제외하면, 고작 단어 몇십 개를 조합해 일상생활 전부를 설명한다. 교과서 수준의 어휘를 썼다가는 자칫 의사소통에 애를 먹을 수 있다.

평소 사용하는 어휘가 많지 않다 보니, 그들의 대화 중엔 비속어가 쉽게 끼어든다. 대표적인 것이 '개'라는 접두사를 붙인 형용사다. 아이들 사이에선 '개멀다', '개좋다', '개맛있다'라는 말이 시나브로 일상용어가 되더니, 이젠 어떤 단어에도 어울리는 '정도 부사'로 자리매김했다. 국어사전에 등재될 날도 머지않은 듯하다. 심지어 서술형 답안지에도 스스럼없이 등장하는, 그들 사이에선 '표준어'다. 의미가 통하니 오답 처리하긴 뭣해 따로 불러 주의를 주곤 하지만, 몇몇 아이가 국어 맞춤법 시험도 아닌데 뭐가 문제냐며 따지려 드는 통에 당혹스러울 때가 있다. 이러다 교과서 속 한자어가 비속어로 대체될지도 모른다는 생각마저 든다.

줄임말이 기하급수적으로 양산되는 것도 난감한 문제다. 단어의 의미가 정확하게 전달되고 의사소통에 문제가 없다면야 크게 문제 될 게 없지만, 그렇게 단순한 문제가 아니다. 굳이 줄일 필요가 있나 싶은 짧은 단어들조차 또래끼리의 암호처럼 줄여 사용하고 있다. 잠시 쓰이다 사라지는 과거의 비속어와는 사뭇 다른 양상이다. 버카충, 컴사, 현타, 까비, 스카, 뻐정, 취존, 빠유, 오링…. 아이들의 대화 속에서 숱하게 오가는 단어들이다. 단문에다 워낙 문자 보내는 속도가 빠른 탓도 있지만, 무슨 뜻인지 도무지 알 수 없는 단어들이 무시로 튀어나와 그들의 단톡방 대화에 끼기가 여간 힘든 게 아니다. 그때마다 아이들로부터 "공부 좀 하셔야겠다"라는 농담을 듣곤 한다.

'버카충'은 버스 카드 충전, '컴사'는 컴퓨터용 사인펜, '현타'는 현실 자각 타임, '까비'는 아깝다는 뜻으로, 그래도 이들은 세대를 넘어 나름 잘 알려진 말이다. '스카'는 스터디 카페, '뻐정'은 버스 정류장. 여기까지도 어찌어찌해서 따라왔다. 하지만 취존, 빠유, 오링에 이르면 굳이 이런 신조어까지 알아야 하나 싶은 생각마저 든다. '취존'은 취향 존중, '빠유'는 아이들이 좋아하는 달달한 바나나 우유를 부르는 줄임말이다. 그나마 지금까지는 긴 단어들을 줄이거나 살짝 변형시킨 것이라 이해가 가지만, 오링은 짐작조차 할 수 없는 말이어서 '암기'가 필요하다. '오링'은 지금 가진 돈이 없다는 뜻이라고 한다.

대체 언제, 어떤 연유로 생겨났는지 불분명한 이런 신조어들이 소셜미디어를 넘어 수업과 시험이라는 울타리 안까지 치고

들어온다. 질문에 대답할 때도, 보고서를 쓰거나 과제를 발표할 때도 속속 튀어나온다. 듣는 아이들 누구 하나 어색해하지 않는데, 오로지 나 같은 중년의 교사만 당혹스러워하는 눈치다.

"교과서에 쓰인 단어와 문장이 너무 어려워요. 다짜고짜 요즘 세대의 어휘력이 형편없다고 나무랄 게 아니라, 학습자의 수준과 현실을 반영했으면 좋겠어요."

교과서 속 기본적인 단어의 의미조차 몰라서 진도 나가기가 버겁다고 꾸짖었더니, 한 아이가 말을 끊으며 이렇게 되받아쳤다. 평소 잘 쓰지도 않은 단어들을 교과서에 잔뜩 실어놓아 내용 파악도 안 될뿐더러 공부에 대한 흥미와 의욕을 잃게 만든다고 꼬집었다. 관개, 도래, 여세, 천도 등의 '어려운' 단어가 역사 공부를 방해하고 있다는 뜻이다. 아이들은 어휘력과 사고력이 정비례한다는 말에 동의하지 않았다. 대뜸 '어려워서 읽기 힘든 글이 어떻게 사고력을 키울 수 있느냐'고 되묻기도 했다. 어휘력을 길러서 어려운 문장을 읽어내고 인식의 폭을 넓혀 성찰의 기회로 삼는 일련의 학습과 성장 과정에 대한 이해 자체가 달랐다.

오늘도 수업 진도를 제대로 맞추지 못했다. 주어진 50분 동안 용어의 뜻을 일일이 설명하기에도 벅차다. 교육과정에는 성취 기준과 수준이 명확히 제시돼 있지만, 과연 그것을 한정된 수업 시간을 통해 달성할 수 있을지 솔직히 자신이 없다. 그렇다고 성취 기준과 수준을 더 낮추는 게 능사일 리는 없다.

  예전엔 아이들 사이의 학업 역량 차이가 도드라져 보였는데, 요즘엔 전반적인 어휘력과 문해력의 하향 평준화가 더 큰 문제로 여겨진다. 기본적인 글의 맥락과 주제도 파악하지 못하는 아이들에게 역사 수업은 무작정 영어 단어를 외우는 것보다 더 고통스러운 시간일지도 모른다. 국어 교육이 선행되지 않은 역사 교육은 맹목이다. 이런 현실이라면 중고등학교 교육과정에서 과목의 구분이 무슨 의미가 있을까도 싶다. 성취 기준과 수준을 고려한다 해도, 교실 수업 대신 종일 도서관에서 책을 읽으며 보내는 게 더 효과적일 수 있겠다는 생각마저 든다. 영어, 수학, 사회, 과학 등 어떤 과목을 공부하든 일단 문해력이 갖춰진 뒤라야 의미 있는 배움이 가능할 테니 말이다.

마약인 듯, 마약 아닌, 마약 같은

스마트폰만 켜면 다이어트 보조제 광고가 넘쳐난다. 급기야 새끼손톱만 한 작은 알약 하나만 먹으면 저절로 1,000Kcal 가까운 열량이 소모된다는 내용까지 나온다. 임상실험을 통해 안전성이 입증됐고 미국 내 식품의약국^{FDA}의 승인을 받았다는 문구는 전가의 보도다. 귀가 솔깃해질 수밖에 없다. 1,000Kcal면 웬만한 성인에게 필요한 하루 열량의 절반에 가까운 수치다. 광고에는 쉬지 않고 두세 시간을 뛰어야만 태울 수 있는 열량이라는 친절한 설명까지 덧붙여진다. 신뢰성을 높이기 위해 의사나 약사가 모델로 동원되는 경우도 허다하다. 게다가 약인데도 부작용에 대한 안내가 없다. 광고 속 설명만 들으면 '만병통치약' 같은 착각이 들 정도다. 광고비와 마케팅비가 없어 판로가 막혔는데, 사용해본 소비자의 입소문을 타고 있다는 믿거나 말거나 식의 이야기가 뒤따른다.

광고 속 다이어트 보조제의 부작용에 대해 왈가왈부할 깜냥은 못 된다. 굳이 여기서 그걸 문제 삼으려는 것도 아니다. 다만 유사한 제품을 판매하는 광고가 우후죽순처럼 늘어나는 현실이 적이 당혹스러워서다. 일일이 헤아려보진 않았지만, 족히 십수 종은 되는 것 같다.

질병 치료 목적도 아닌데, 체중을 줄이기 위해 약을 먹어야 하는 사회가 과연 정상일까. 백번 양보해서, 부작용이 전혀 없는 '신비의 명약'이라고 해도, 음식을 먹어서 축적된 열량을 소비하기 위해 다시 무언가를 먹는다는 게 우스꽝스럽기까지 하다. 마음껏 먹고는 싶은데 살찌는 건 싫은 장삼이사의 마음을 노린 얄팍한 장삿속이다.

정작 다이어트 보조제 광고들에 눈살이 찌푸려진 이유는 따로 있다. 당장 10대 아이들이 큰 관심을 보여 두려운 마음이 앞선다. 유튜브를 거의 보지 않는 내가 해당 광고를 접하게 된 것도 몇몇 아이들의 호들갑 때문이다. 그들은 무슨 대단한 발견이라도 한 듯 '유레카'를 외쳤다. 아이들은 광고 내용을 곧이곧대로 믿는 눈치였다. 세상에 약장수는 믿을 게 못 된다며 손사래를 치는 아이조차 귀를 쫑긋 세우고 있다.

최근 들어 여학생은 말할 것 없고 남학생조차 외모에 대한 스트레스가 성적에 대한 그것 못지않다. 그나마 남학생에겐 선택지가 두 개다. 훤칠하거나 근육질이거나. 그래선지 가방에 미숫가루처럼 생긴 단백질 보충제를 넣어 다니는 경우가 드물지 않다. 보기에 뚱뚱해도 팔과 다리의 근육이 탄탄하다면 전혀 꿀릴 게 없다. 하지만 여학생에겐 날씬한 것 외엔 다른 선택지가 없다. 한창 성장할 때니 많이 먹어야 한다는 말은 기성세대의 잔소리일 뿐이다. 외모에 민감한 아이들에게 다이어트 보조제와 단백질 보충제 등은 어느새 후식처럼 먹는 비타민 영양제처럼 여겨지는 모양새다. 그 어떤 부작용도 그들의 외모에 대한 스트레스를 넘어설 수 없다.

"마약보다는 백배 낫잖아요."

한 아이는 내 말을 '기우'라고 무지르며 말을 끊었다. 살을 빼거나 집중력을 올리기 위해 인터넷 등에서 마약을 구매하는 범죄 행위보다 건전하다는 뜻이다. 실제로 유튜브 등에선 단기간에 효과를 볼 수 있는 약을 광고하고 직거래를 유도하는 경우가 많다며 자기의 경험을 들려주기도 했다.

2023년 초부터 학교 게시판에서도 온종일 마약 중독의 폐해를 알리는 공익 광고가 방송되고 있다. 교육부와 보건복지부가 제작한 홍보 영상인데, 친숙한 애니메이션 방식인 데다 영화배우가 모델이라 아이들의 눈길을 끈다. 최근 유명 연예인들이 연루된 사건들이 잇따라 보도되면서 마약에 대한 경각심이 더욱 커졌다. 마약 중독의 폐해와 엄한 법적 처벌이 강조될수록, 안타깝게도 다이어트 보조제 등에 대한 호기심이 더욱 높아지는 형국이다. 일종의 '풍선 효과'처럼 보인다. 손 하나 까딱하지 않고도 엄청난 열량이 소모된다는데, 쉽게 넘어가지 않을 이가 몇이나 있을까.

　어제오늘의 일은 아니지만, 우리 사회만큼 다이어트에 대한 강박이 심한 곳도 없다. 겉보기에 비쩍 마른 아이들조차 스스로 살이 쪘다고 말하는 지경이다. 다이어트 시장은 오랜 경제적 불황에도 끄떡없는 블루오션일 수밖에 없다. 당연한 이야기지만, 살찌는 게 걱정이라면 덜 먹고 많이 움직이면 된다. 마약이든 다이어트 보조제든 뭐든 약에 의존하는 건 잘못이다. 운동할 시간은커녕 잠잘 시간도 부족한 현실에서 차선책이라 둘러대지만, 약에 기댈수록 항생제의 내성처럼 더 큰 자극을 찾게 될 뿐이다. 다이어트 보조제가 되레 다이어트 강박을 높이고 있다고 하면 억측일까.

　마약 근절 공익 광고가 반복되는 프로젝션 TV 옆 쓰레기 분리배출함엔 아이들이 마시고 버린 에너지 음료의 병과 캔이 수북하다. 숱한 아이들이 수업 중 쏟아지는 잠을 카페인의 힘을 빌려 견뎌내고 있다는 뜻이다.

시험공부에 찌든 아이들에게 충분한 수면 시간을 보장하고 매일 체육 활동이 이뤄지도록 교육과정을 손보는 게 그토록 어려운 일일까. 이를 고정불변의 현실로 여기다 보니, 교실마저 '약장수'들이 판치는 공간으로 전락하고 있다. 그 와중에 틈새를 파고드는 게 마약이다.

스스로 탐욕을 제어하도록 이끄는 게 교육의 본령이라고 믿는다. 학교는 아이들에게 '소비를 줄이고 귀찮음을 견디는' 힘을 길러줘야 한다. 습관적으로 에너지 음료를 마시고 다이어트 보조제 광고에 기웃거리는 아이들을 학교가 나 몰라라 해서는 안 된다. 그런데도 정부가 교육적 대안 마련은커녕 엄벌만을 외쳐대고 있으니 난감할 따름이다.

청년세대의 보수화? 아니, 예능화!

20~30대 청년세대의 보수화. 최근 선거 때마다 언론 등에 부쩍 자주 등장하는 표현이다. 그들이 보수 정당 후보들을 당선시키는 일등 공신이라는 거다. 지난 2022년 대선에서도 'MZ세대'로 불리는 이들이 캐스팅 보트를 쥐며 윤석열 대통령을 당선시킨 주역이 되었다. 참고로, 'MZ세대'란 1980년~1994년생인 밀레니얼 세대와 1995년~2005년생인 Z세대를 뭉뚱그려 부르는 명칭이다. 이념 지향적이지 않고 여야 구분 없이 실용적인 관점에서 투표하는 첫 세대라고 분석하는데, 일부 보수 언론에선 그들의 투표 성향을 바람직한 변화인 양 추켜세우는 듯한 논조를 편다.

'그들이 언제 진보적일 때가 있었나?' 여기저기서 쏟아져나오는 '꼰대 같은' 분석을 접하며 순간 혼잣말처럼 되뇌던 생각이다. 성급한 일반화일지 모르지만, 지난 세월 아이들과 함께 생활해 온 기억을 되짚어볼 때 호사가의 억측일 뿐이다. 지금의 청년 세대는 보수화되었다고 규정할 만큼 진보적이었던 적이 없다.

근거 삼아 미리 전제해 둔다. 지금 20~30대라면, 초임 시절부터 지금까지 학교에서 줄곧 만나온 아이들이다. 첫 제자가 올해 45세이고 작년에 졸업한 아이들이 20세이니, 그들과 동고동락한 세월이 곧 나의 교직 경력과 어금버금하다. 지금 보수화되었다고 싸잡아 말하는 세대와 얼추 겹친다. 한 해에 수업 중 만나는 아이들이 얼추 200~300명쯤 되니 근무한 햇수를 곱하면 지금껏 수천 명을 헤아린다. 더욱이 해마다 상전벽해인 그들의 모습을 지켜보았으니, 호사가의 억측에 대꾸할 만한 자격은 된다고 본다. 아무튼 그들이 보수화되었다면, 내 몫 또한 있을 것이다.

당장 요즘 아이들에게 진보와 보수라는 말은 어색하다 못해 생뚱맞은 단어다. 혹, 교사가 '나는 진보다' 또는 '나는 보수다'라고 성향을 밝힌다면, 아이들은 '그래서 뭐 어쩌라고?'라는 식의 표정을 지을 것이다. 물론, 요즘 같은 시대에 그 두 단어를 입에 담는 교사는 거의 없다. 진보와 보수로 편 가르는 건 지금 40~50대 기성세대가 과거 20~30대 시절의 관점으로 요즘 아이들을 규정지으려는 어처구니없는 행태다. 그들은 진보와 보수라는 개념조차 낯설어한다. 어쩌면 둘로 나눠 이해하기에는 세상이 훨씬 복잡다단해졌다고 해야 맞을지도 모르겠다.

 종종 진보와 보수의 의미 차이를 질문하는 아이들이 있긴 하다. 시대마다 사회마다 정의는 천차만별일 수밖에 없어 사전적인 의미로 답변을 대신하곤 한다. 진보는 사회의 변화를 추구하고, 보수는 기존의 전통과 가치를 유지하려는 인식이나 태도라고 무미건조하게 설명한다.

 "그럼 기존의 전통을 보존해야 한다고 여기면서도 동시에 사회도 변화시켜야 한다고 믿는 저는 어디에 속하는 건가요?"

 그의 반문에 듣고 있던 친구들이 웃으면서 맞장구를 쳤다. 정책에 따라 호불호가 갈릴 순 있어도, 사람의 성향을 두고 칼로 두부 자르듯 진보와 보수로 나누는 건 황당하다고 입을 모았다. 20세기의 잣대로 21세기의 사람들을 재단하려는 바보짓이라고 다들 천연덕스럽게 말했다.

 서로 상대되는 개념이지만, 진보와 보수를 당시 아이들은 적대적인 태도나 옳고 그름의 문제로 치환하지 않았다. 그들에게 진보와 보수는 세심함과 대범함, 유연함과 강직함 등과 같이 대비되는 여러 가치 단어 중의 하나일 뿐이었다. 특별하달 게 없는 보통명사로 받아들인 것이다.

 청년세대가 보수화되었다는 표현이 타당하다면, 보수화의 개념부터 재정의되어야 한다. 최근 들어 해가 갈수록 청년세대가 기존의 전통과 가치를 중시하고 있다고? 보수화의 사전적 의미를 대입하면 이토록 우스꽝스럽다. 그런데도 굳이 쓰겠다면 사전적 의미를 수정해야 옳다. 차라리 그들이 진보화되었다고 말하는 게 맞을 성싶다. 사회의 현실에 대한 불신이 팽배하고, 비록 자기 손에 피를 묻히긴 싫어도 변해야 한다는 열망만큼은 강렬하다. 그들은 보수화된 게 아니라, 무한경쟁과 각자도생의 사회를 살다 보니 더 이기적이고 무기력해진 것이다.

20~30대 청년세대를 애꿎은 진보와 보수라는 말로 갈라치려는 건 기성세대의 비열한 수작이다. 지금 그들, 기성세대를 관통하는 열쇠 말은 단연 'IMF'다. 외환위기의 후유증은 30년 가까이 지난 지금까지도 계속되고 있다. 나라의 곳간 걱정은 사라지고 있는지 몰라도 사람들의 뇌리에 각인된 생채기는 치유되기는커녕 점점 악화하는 모양새다. '곁눈질 말고 앞만 보고 달리자'라는 한 아이의 슬픈 좌우명이 피폐해진 우리 사회를 방증한다.

지금의 30~40대가 '영혼이라도 팔아' 취직하고 싶다고 외쳤다지만, 그것도 옛말이다. 지금의 20대는 대학을 졸업해 봐야 백수 신세라는 걸 아예 전제하고 있고, 요즘 10대는 대학을 선택하기 전에 취업률부터 따져본다. 흥미, 적성과 무관하게 최상위권이면 죄다 '의치한약'만 염두에 둔다. 애초 직업훈련기관으로 전락한 대학에 대해 문제의식을 지닐 겨를이 없다.

청년세대가 보수화되었다고 주장하는 근거는 고작 보수 정당 후보에 대한 지지율이 높다는 거다. 극우적 성향의 정당이 보수 정당으로 명명되다 보니, 보수 정당이 졸지에 진보 정당으로 규정되고 있다. 그렇듯 단순도식적인 갈라치기에 여야에 대한 지지를 진보와 보수로 등치시키는 아이들이 시나브로 느는 형국이다.

아이들이 진보와 보수를 양극단의 정치적 성향으로 받아들이게 된 건 비교적 최근의 일이다. 선거를 마치 승자독식의 게임인 양 자극적으로 보도하는 부박한 우리 언론이 가져온 폐해다. 공약엔 별 관심이 없고 지지율의 등락에만 눈길을 보내는 건 애 어른 할 것 없이 마찬가지다. 선거철은 아이들에게도 정치의 계절이다. 주말이나 등하굣길에 이른바 '정치 시사' 유튜브를 몰아 보며 키득거리는 아이들도 적지 않다. 교실마다 삼삼오오 모여 선거와 관련된 여론의 추이와 여야 후보들의 당선 가능성을 두고 갑론을박하는 모습이 더는 낯설지 않다.

한 아이는 웬만한 예능 프로그램보다 재미있다며 자신이 구독 중인 유튜브 채널을 몇 곳 소개해 주었다. 그가 엄지손가락을 치켜세우는 이유는 무엇보다 사이다처럼 시원하고 머리에 쏙쏙 박힐 만큼 재미있다는 것이다. '엄근진'하지 않은 데다 위선적이지 않고 솔직하다는 점도 인기의 비결이라고 말했다. 유튜브든 뭐든 장황하고 '꼰대스러운' 건 딱 질색이라며 손사래를 쳤다. 성향을 떠나 자극적인 유튜브를 통해 우리 사회를 바라보는 아이들이 적지 않다는 생각에 뒷맛이 개운찮다.

심지어 모든 선거를 가리지 않고 출마하는 국가혁명당 허경영의 강연을 구독하고 있다며 추천하는 아이도 있다. 여야 후보 모두 마음에 들지 않는다며 투표를 포기하겠다는 사람은 여럿이어도, 또래 중 그를 싫어하는 이는 못 봤다고 했다. 그가 다음에 선거에 나온다면 무조건 투표할 거라는 말에 솔직히 당혹스러웠다(그는 현재 사기와 성추행 등의 혐의로 재판을 받고 있다).

요컨대, 청년세대는 보수화된 게 아니라 '예능화'되었다. 그들은 일단 재미가 없으면 의미를 전달할 수 없다고 선선히 말한다. 아무리 옳고 보탬이 되는 조언도 재미가 없으면 눈과 귀를 닫아버린다. 그들에게 허경영을 지지하는 이유를 물으면, 큰 재미를 주기 때문이라고 답한다.

지금의 청년세대는 무한경쟁에 주눅이 든 열패감과 희망이 보이지 않는 절망감, 무력감 등을 그렇듯 자극적인 유튜브를 통해 위로받고 있는 건지도 모른다. 사람들은 부모가 아닌 시대를 닮는다고 했던가. 지금의 20~30대 청년세대는 황폐해진 우리 사회를 비추는 거울이다.

사족 하나. 한 아이는 "촌스럽지 않고 유머 감각이 있으며 옷 잘 입는 매력적인 사람이 대통령이 됐으면 좋겠다"라고 말했다. 그가 제시한 대통령의 조건이 당혹스럽긴 했지만, 요즘 세대의 정서를 보여주는 것 같아 고개가 끄덕여졌다. 이 또한 '예능화' 한 청년세대의 단면이다. 이런 세대에게 진보냐 보수냐를 따지는 게 가당키나 한가.

요즘 아이들의 '신분증'

한때 아이들 사이에 노스페이스 패딩이 '신분증' 역할을 했던 적이 있다. 같은 브랜드라도 가격대별로 등급이 나뉘었고, 아이들은 색깔과 디자인만으로도 정확한 가격을 알 수 있을 정도였다. 약칭 '노페'로 불리며, 특정 학교와 지역에 한정되지 않는, 중고생들에게 보편적인 문화로 꽤 오랫동안 자리 잡았었다.

날씨와 상관없이 교복 재킷 위에 패딩을 껴입는 아이들도 적지 않았다. 하나같이 오뚜기처럼 우스꽝스러운 모습이지만, 아이들은 기꺼이 자신의 '레벨'을 드러내기 위한 기회비용으로 여겼다. 일과 중에 정 못 견디겠으면 교복 재킷을 벗을지언정 패딩을 포기하는 경우는 거의 없었다. 교문 밖에서도 별반 다르지 않았다. 굳이 차이라면, 아이들 사이에 서열을 나누는 기준보다는 기성세대와 아이들을 단박에 구분하는 징표에 더 가까웠다는 점이다. 당시 길거리에서 '노페'를 입지 않은 아이들 만나기가 더 어려울 정도였으니, 편의점 등에서 학생증을 일일이 검사하는 수고로움을 덜게 됐다는 우스갯소리가 나오기도 했다.

한 벌에 웬만한 TV 한 대 값이라 형편이 녹록지 않은 집에서는 선뜻 사 입힐 수 없는 옷이었다. 그런 까닭에 부모의 수심을 깊게 하고 허리를 휘게 한다는 뜻으로 '등골 브레이커'라고 불렀다. 당시 교실에서 도난 사건이 빈번하게 일어나고 '짝퉁'이 판친 건 당연한 수순이었다.

노스페이스 패딩이 위세를 떨치기 전엔 교복 브랜드로 서열을 매기는 분위기가 있었다. 대기업 브랜드가 찍힌 것과 중소기업에서 만든 것, 그리고 지역 기업이 만든 공동 구매 교복을 구분해 아이들은 서로 시샘하고 놀려댔다. 대기업이 교복 사업에서 손을 떼면서 부작용이 시나브로 해소되긴 했다.

사실 교복이 자율화된 건 이미 수십 년 전 일이다. 그런데도 여전히 많은 학교에서 교복 착용을 선호하는 것은 집안의 경제적 여건에 따른 아이들끼리의 위화감을 줄일 수 있다는 장점 때문이다. 교복은 극심해진 경제적 양극화가 고스란히 교실에 전이되는 것을 막아주는 최소한의 안전장치 역할을 톡톡히 했다.

교복에까지 서열을 매기려 들자, 아이들에게 교복 공동 구매의 경제성과 합리성을 설명하는 계기 수업을 준비해야 했다. 한국사 수업을 하다 말고, 난데없이 중소기업 적합 업종 지정 제도에 대해 수업하고, 윤리적 소비에 대해 글쓰기를 시켰다. 그때도 지금처럼 교복 업무와 생활지도를 담당한 학생부장이었다.

세월이 흘러 교복 브랜드도, 노스페이스 패딩도 힘을 잃었지만, 아이들끼리의 서열 매기기는 사라지지 않았다. 자신의 계급을 증명할 새로운 '신분증'이 필요했고, 몇 해 전부터 스마트폰이 그 바통을 넘겨받은 모양새다. 한 아이의 말마따나 '가지고 있는 스마트폰의 브랜드가 당신이 누구인가를 말해주는' 시대가 됐다.

요즘 아이들끼리 통용되는 스마트폰 서열을 잠깐 소개하자면, 아이폰, 갤럭시, 기타, 이렇게 크게 셋으로 나뉜다고 한다. 아이폰을 쓴다는 건, 젊고 세련되고 부유한 사람이라는 걸 은연중에 암시한단다. 한 아이는 카페의 탁자 위에 아이폰이 놓여있으면, 서로 마주 앉은 그 사람들뿐만 아니라 카페조차 달라 보인다고 말했다. 그러면서 갤럭시와 기타의 구분은 큰 의미가 없다고 덧붙였다. 아이들끼리 스마트폰을 새로 장만했다고 하면, 아이폰인지 아닌지로만 묻고 답한다는 것이다. 굳이 갤럭시를 기타와 구분 지은 건 아이폰 부럽지 않은 성능과 부가서비스 덕분일 테지만, 아이폰의 확고부동한 지위를 넘어설 수는 없다고 잘라 말했다. 여기서 기타란, 친구들 앞에서 자랑삼아 꺼내놓지 못하는 나머지 모든 제품을 뭉뚱그린 것이다. 적어도 아이들에게 스마트폰의 성능과 디자인, 가성비 따위는 고려 대상이 아니다. 브랜드가 지닌 고유의 이미지와 가격이 중요할 뿐이다. 중고품도 아이폰이라면 아이들은 기꺼이 웃돈을 얹는다고 한다. 비슷한 사양에 비싼 가격일지라도 아이폰에 눈길이 먼저 가는 건 '인지상정'이라고 했다. 숫제 운영체제가 여느 스마트폰들과 다르다는 것조차 불편하게 여기기는커녕 다른 친구들과 구별 짓는 근거로 여길 정도란다.

기존의 아이폰 사용자들이 아이폰만 고집하는 건 사용법을 새로 익히는 게 번거로워서라기보다 그들만의 '프라이드'가 남다르기 때문이다. 하긴, 근래 들어 타사 제품에서 아이폰으로 갈아타는 아이들이 눈에 띄게 많아졌다. 손들어 보라 하면, 아이폰 사용자가 절반이 넘는 학급도 있다. 여학생의 경우엔 열 명 중 여덟아홉에 이른다. 개중엔 용돈만으로는 도저히 살 수 없는 값비싼 것들도 적지 않다. 언뜻 봐도 산 지 얼마 안 된 것들이다.

아이폰 사용자가 늘어나자, 아이들이 이젠 아이팟 전용 아이폰인지, 헤드셋을 연결하는 아이폰인지 따지고 비교하는 일까지 벌어지고 있다. 듣자니까, 최근 출시되는 신상품 중엔 아예 헤드셋 연결용 단자가 없는 제품도 있다고 한다. 어느덧 아이폰은 과거 노스페이스 패딩에 이어 학부모들의 등골 브레이커로 자리매김했다.

아이폰만으로는 성에 안 찼는지, 최근 들어 명품으로 자신을 과시하려는 아이들이 하나둘씩 생겨나고 있다. 명품으로 불리는 것들이 대개 그렇듯 꼭 필요해서 사는 건 아니다. 기능과 디자인 따위가 본질이 아니라는 이야기다. 많은 사람이 명품으로 인정해 주고, 부러워하며, 하나쯤 갖고 싶어 안달하는 모습이면 그걸로 족하다.

한 아이는 부모로부터 생일 선물로 받은 명품이라며 개인 사물함에서 신발을 꺼내 보여주었다. 얼핏 봐서는 평범하다 못해 오히려 낡아 보이는 운동화인데, 가격이 무려 70만 원쯤 될 거라고 했다. 자신은 운동화 한 켤레일 뿐이지만, 몇몇 친구들은 신발과 바지, 티셔츠에 시계까지도 명품만 걸치고 다닌다면서 내심 부러워하는 눈치였다.

어린 그가 명품을 선호하는 이유는 단순하다. 교실에서 서먹한 친구들조차 자신에게 다가와 관심을 보인다는 것이다. 거리에서도 사람들이 무심한 척 안 보는 것 같아도 힐끗 쳐다보는 게 느껴진다면서, 순간 어깨가 으쓱해지는 그 느낌이 좋다고 했다. 한마디로 '기'가 산다는 것이다. 그는 명품을 '절대 반지'로 표현하기도 했다. 고작 신발 하나 바꿔 신었을 뿐인데, 학교생활에 자신감이 생기고 친구도 많이 생겼다면서 달라진 일상을 뽐냈다. 요즘엔 형편이 넉넉지 않은 아이들까지도 명품에 꽂혀 밤늦게 아르바이트를 하는 친구들도 더러 있다면서, 머지않아 교실에서 명품 소유 여부로 친구들끼리 헤쳐 모일 날이 올 거라고 너스레를 떨었다.

 어느 비 오던 날, 하굣길의 그는 신발을 신지 않고 손에 들고 있었다. 비가 와서 신을 수 없다고 했다. 발은 젖어도 상관없으나, 신발에 물이 묻으면 안 된다는 거다. 비 오는 날엔 신지 않고, 때가 묻었을 땐 전문 세탁소에 맡기며, 며칠 이상 신지 않을 때는 방습제와 함께 신발 안에 형태가 유지되도록 보형 틀을 끼워두는 게 철칙이란다. 신발이 발을 보호하는 것이 아니라, 발이 신발을 위해 희생하는 꼴이다. 이쯤 되면, 명품이라는 이름으로 사람을 노예로 부리는 주인이자, 군림하는 신과 별반 다를 바 없다. '기를 살려준' 데 대한 보답이었을까. 우산이 작아 책가방은 빗물이 들쳐 이미 축축이 젖었는데, 비닐로 꽁꽁 싸맨 신발은 가슴에 품은 채 교문을 나섰다.

 대학에 가서 가장 먼저 하고 싶은 일이 명품 가방 하나 장만하는 거라고 말하는 한 아이는, 명품에 대한 요즘 청소년들의 관심이 부쩍 늘어난 이유를 이렇게 설명했다. SNS의 영향이 절대적이라는 거다. 명품을 입고, 들고, 신고 찍은 사진을 인스타그램 등에 올리는 게 요즘 또래들의 가장 큰 즐거움이자 행복이라고 귀띔했다. 예전엔 어떻게 생겼느냐가 중요했지만, 요즘엔 아무리 못생겨도 명품으로 얼마든지 커버가 된다며, 그 인증의 장이 바로 SNS라고 단언했다. 누군가 겉치레보다 내면의 아름다움을 가꾸라고 충고한다면, 당장 '꼰대질'을 멈추라는 날 선 반응이 튀어나오게 될 거라고 덧붙였다. 실제의 자신보다 SNS에 담긴 모습을 진짜 자신으로 여기는 세대일진대, 이해 못 할 바는 아니다.

  이 와중에 다른 한 아이가 혀를 끌끌 차며 스마트폰 화면을 보여주었다. 중고 매물로 나온 스니커즈 운동화였는데, 사진만 봐서는 족히 몇 년은 신은 듯 낡아빠진 모습이었다. 그가 놀라워한 건, 판매자가 제시한 48만 원이라는 엄청난 가격이 아니었다. 사이트에 올리자마자 순식간에 팔렸는데, 그걸 산 사람이 자기가 잘 아는 동네 후배였단다.

  입고, 먹고, 쓰는 걸로 자신이 누구인지를 증명하는 세대에게 명품은 가장 확실한 '신분증'이다. 아이들 사이에 끊임없이 서열이 매겨지고, 이렇듯 물신주의마저 팽배해지는 현실에서 학교 교육은 무기력하기만 하다. 솔직히 이게 과연 학교 교육을 통해 제어될 수 있는 문제인지도 의문이다. 명품을 자랑스러워하는 그들 앞에서 그저 간수 잘하라는 말밖에 더 해줄 이야기가 없었다.

자본주의와 민주주의가 동의어?

 2023년, 축구 선수 리오넬 메시가 FC바르셀로나와 파리 생제르맹을 거쳐 미국 프로축구 리그^{MLS}에 둥지를 틀었다. 그는 '축알못(축구 알지 못하는 이)'들조차 모두 알고 있는 세계적인 축구 스타다. 지난 2004년 성인 무대에 데뷔한 이래, 지금껏 무려 20년 넘게 세계 무대를 평정해 온 자타공인 '축구의 신'이다.

 이미 전성기를 훌쩍 지났지만, 해마다 그의 일거수일투족은 세계 모든 언론의 스포츠면을 장식해 왔다. 원소속 팀인 FC바르셀로나를 떠날 때 오랫동안 유수 언론의 관심이 그에게 쏠렸던 적이 있다. 해트트릭 같은 기록이나 현란한 기술 따윈 그에겐 뉴스거리가 아니다. 여느 선수라면 '인생 경기'라며 제 살을 꼬집을 만한 기록도 워낙 밥 먹듯 해온 터라 그의 이름 앞에선 새삼스러울 건 없다. 이유인즉슨 천문학적인 그의 연봉 때문이다. FC바르셀로나와 그의 비밀 계약 조건이 외부로 유출된 것이 관건이었는데, 축구 팬들의 관심은 그보다 온통 계약서에 적힌 액수에 있었다. 클럽 측은 유출에 관여한 것으로 의심되는 인사와 언론을 상대로 법적 대응을 공언했지만, 이마저도 여론의 주목을 받지 못했다.

현지 언론에선 클럽이 지금 겪고 있는 심각한 재정난이 그의 초고액 연봉에서 비롯된 것이라고 앞다퉈 보도했다. 재미있는 건, 경기력과 상업적 측면에서 그 정도는 충분히 받을 자격이 있다며, 클럽이 나서서 메시를 적극 엄호했다는 점이다. 그 과정에서 메시가 '갑'이고 클럽이 '을'인 현실만 보여주었다.

대체 1년에 얼마나 벌기에 세계적인 화제가 됐을까. 놀라지 마시라. 보도된 당시 연봉이 자그마치 우리 돈으로 1,871억 원이었다. 이게 전부가 아니다. 계약 갱신료 1,559억 원에다 로열티 보너스 1,056억 원까지 책정돼 있다. 이 와중에 세전이냐, 세후냐를 따지는 건 쓸데없는 짓이다. 갱신료나 보너스 같은 가욋돈을 빼고 연봉만 따져도 입이 다물어지지 않는다. 누군가 스포츠 스타와 유명 연예인의 연봉은 '돈'이 아니라 '숫자'에 불과하다더니, 그 말에 고개가 끄덕여진다. 일당으로 계산하면 하루 5억 원이 넘고, 일 평균 노동시간을 기준 삼아 시급으로 환산해도 무려 6,400만 원이다.

그의 연봉을 식비로 모조리 다 쓰려면 얼마나 걸릴까. 허망한 비유고 계산이지만, 천진난만한 아이들에게 '숫자'를 '돈'으로 인식하게 하려면 이만한 게 없다. 5만 원짜리 고급 한정식을 매 끼니 먹는다 해도, 어림잡아 3,000년 이상이 걸린다. 고조선 때부터 지금까지 그렇게 먹어야 다 쓸 수 있는 돈이다. 1년 치 수입만으로 그렇다는 거다. 중산층을 자부하는 나의 얼추 1년 치 연봉을 그는 단 한 시간 만에 버는 셈이다. 보통 사람의 머리로는 이해하기 쉽지 않지만, 1초당 18,000원 값어치를 충분히 한다는 그의 경기력과 상업적 가치를 의심하고 따져보려는 건 어리석은 짓일지도 모른다. 축구 클럽도 이윤 추구를 목적으로 하는 엄연한 기업이니 말이다.

해마다 전 세계 수많은 축구 팬이 그를 보기 위해 비싼 입장료를 치르며 직접 경기장을 찾고, 팀을 응원하고, TV로 시청하고, 그의 이름이 적힌 유니폼을 사며 클럽에 수익을 안겨준다. 클럽의 입장에서 그는 선수가 아니라 전속 광고 모델이다. 연봉은 상업적 가치 평가의 결과다. 가격이 수요와 공급에 따라 결정되듯 선수의 연봉 또한 마찬가지다. 그만큼 충분히 받을 자격이 있다는 건, 정확하게는 그만한 값어치를 한다, 곧 그만큼 클럽에 돈을 벌어준다는 뜻이다. 심각한 적자에 허덕이는 클럽도 그를 두둔하는 마당에 그의 연봉을 두고 왈가왈부하는 건 괜한 몽니인지도 모른다.

학기 중 그의 연봉과 미국 메이저리그 야구 선수의 최고액 연봉 중 어떤 게 더 많은지를 두고 아이들끼리 설왕설래하는 모습을 본 적이 있다. 평생 벌기는커녕 만져보기도 힘든 거액을 대수롭지 않게 여기는 그들의 '배포'에 놀라기도 했다. 그랬던 그들조차 이번에 공개된 메시의 진짜 연봉에 자못 놀란 눈치다.

아무리 메시가 '축구의 신'으로 추앙받고 있다지만, 시급 6,400만 원이 과연 합당한 소득인가. 자본주의 시장경제 체제에서 살아가고 있다 해도, 일반 노동자의 임금과 견줘 수천 배에 가까운 소득의 격차를 과연 정상적이라 할 수 있나. 부럽다기보다 황당하다는 느낌뿐이다.

"자본주의 사회잖아요. 그만한 능력이 있으니 그만큼 버는 거겠지요."
"타고난 재능이든, 피땀 흘려 이룬 것이든, 능력에 따라 생기는 소득의 격차는 당연한 거죠. 민주주의는 능력에 따른 합리적 차별이라고 하잖아요."
"격차가 없다면 경쟁이 일어나지 않고, 경쟁이 없다면 발전도 없죠. 그걸 부정하면 공산주의죠."

메시의 천문학적 연봉을 접한 순간, 학기 중 아이들이 이구동성 외쳐댄 '자본주의 찬양'이 떠올랐다. 당시 수업의 주제는 최저 시급 인상에 관한 것이었다. 이제 와 생각하면, 고작 몇십 원,

몇백 원 차이를 두고 위원들끼리 갈등하던 TV 속 장면이 '웃프게' 느껴진다. 그렇게 결정된 2025년 최저 시급이 10,030원이다.

연봉의 '숫자'에는 놀라워하면서도 '격차'를 문제 삼는 아이들은 없었다. 불합리한 차별로 인식하기는커녕 사회의 발전을 위해 당연히 존재해야 할 차이로 여겼다. 능력에 따른 차별 의식을 내면화한 그들은 자본주의를 민주주의와 동의어로 받아들였고, 경쟁을 반대하면 순식간에 공산주의자로 낙인찍었다.

"리오넬 메시는 우리에게 우상이자 롤 모델이에요. 출중한 실력에다 가족에 대한 사랑 그리고 사회에 대한 공헌 등 그의 선한 영향력은 존경받을 만하다고 봐요. 그가 고향인 아르헨티나에 가난한 아이들을 위한 축구 학교를 설립하고, 지역 공동체에 꾸준히 기부 활동을 하는 모습 등은 충분히 귀감이 되죠."

아이들은 다른 선수들의 되바라진 행태를 보라며 메시를 향해 엄지손가락을 치켜세웠다. 흥청망청 집단 파티를 열고 음주로 인해 사회적 물의를 빚는가 하면, 수억 원을 호가하는 슈퍼카를 사들이며 '돈 잔치'를 벌이는 스포츠 스타들이 숱하다는 거다. 아이들은 누가 얼마를 벌든 어떻게 쓰느냐에 관심을 보였다. 그들이 메시를 좋아하는 건, 축구 실력보다 기부 덕이 크다. 가

난한 이웃들이나, 특히 어린이들을 위한 통 큰 기부라면, 웬만한 흠결 정도는 기꺼이 눈감아 줄 수 있다. 실제로 메시는 몇 년 전 탈세 혐의로 후견인인 그의 아버지가 법정에 선 적도 있지만, 그조차 거액의 기부 앞에선 대수롭지 않은 일이 되고 만다.

"거액의 기부를 상찬할 게 아니라, 애초 거액의 소득에 그만큼의 세금을 부과하면 어떨까?"

지극히 상식적인 질문이라고 여겼는데, 아이들의 반응은 시큰둥했다. 그게 현실적으로 가능하겠느냐며 반문할 정도였다. 도대체 그들은 왜 불가능하다고 생각할까. 이구동성 '기-승-전-공산주의' 타령이었다. 자본주의 사회에서 합법적으로 능력껏 번 소득에 과도한 세금을 부과하는 건 공산주의라는 거다.

아이들은 자본주의 시장경제를 영원불멸의 사회 체제로 인식하는 듯했다. 그들의 의식 속에서 자본주의란 사회를 움직이는 완벽한 경제 원리이며, 도덕적 관념을 넘어서는 규범 그 자체였다. 자본주의에 위배가 되는 생각과 행동은 옳고 그름을 따져볼 겨를도 없이 무조건 처벌받아야 할 죄가 된다. 이에 대해선 아이들과의 토론이 쉽지 않다. 다른 생각을 지닌 경우가 거의 없어서다. 그렇다고 초록동색인 그들을 나무랄 순 없다. 교과서를 통해 배우고 익혔을 뿐이다. 공산주의는 무너졌고, 자본주의가 최후의 승리자라는 것. 프랜시스 후쿠야마의 《역사의 종말》은 일찌 감치 현행 교과서의 교본이 됐다.

엊그제 한 아이가 자신의 롤 모델이라며, 뉴스 한 꼭지를 카톡으로 보내왔다. 전 재산의 절반을 사회에 기부하겠다고 밝힌 한 젊은 기업가에 관한 내용이었다. 액수가 자그마치 수천억 원에 이른다니, 지금껏 우리나라에서 보기 힘들었던 사례다. '노블레스 오블리주'를 실천한 기업가로서 좋은 선례로 남을 법하다.

"이로부터 부자들이 재산을 사회로 환원하는 분위기가 자연스럽게 조성되면 좋겠다. 기업가들이 존경받는 세상이 진짜 좋은 세상이다. 그나저나 코로나 와중에 수익이 많이 늘어난 기업이라면, 그 몫을 사회에 환원하는 건 당연한 결정 아닐까? 운도 실력이라고 눙칠 게 아니라면 말이다."

그런데 답글 말미에 붙인 사족 한 문장이 화근이 됐다. 과거 수업 도중 건넸던 상식적인 질문과 별반 다르지 않은 내용이었지만, 롤 모델이라고 밝힌 그는 조금 당황스러웠던 모양이다. 그는 한참 뒤 내게 답장 대신 말줄임표(…)를 보냈다. 아마 동의 못 하겠다는 뜻을 그렇게 표현한 것일 거다.

탐욕이란 필요 이상을 소유하려는 것이다. 성경의 이 말씀을 요즘 아이들에게 이해시키기란 사실상 불가능에 가깝다. 그들은 금언에 담긴 의미를 받아들이거나 곱씹기는커녕 기껏해야 수도자의 '자격' 정도로 이해한다. 급기야 난 아이들에게, 공산주의자까지는 아니어도, '남 돈 잘 벌고 대접받는 걸 못 보는' 까칠한 선생으로 낙인찍히고 말았다.

'엄지족' 아이들

학교마다 다섯 개 중 하나를 고르는, 이른바 선다형 시험 문제가 대폭 줄어들고, 그 자리를 서술형 시험이 채우고 있다. 몇 해 전까지만 해도 정답이 한두 단어의 조합인 단답형이었지만, 요즘엔 글자 수의 제한까지 두는 서술형이 대세다. 정부와 교육청에서도 서술형 시험을 평가에 반드시 반영해야 한다고 못 박고 있기 때문이다.

OMR카드에 사인펜으로 마킹하는 선다형의 경우 컴퓨터가 다 알아서 처리해주니 문제 출제에만 신경을 쓰면 되지만, 서술형 문제는 채점하는 데 상당한 시간과 노력이 든다. 출제하고 채점하는 교사 입장에선 무척 까다롭고 번거로운 일이다. 그래도 교육적 견지에서 보면 당연할뿐더러 외려 때늦은 감마저 드는 평가 방식의 획기적 변화다.

이번 중간고사에는 욕심부리지 않고 네 문항을 출제했다. 이미 출제할 내용에 대해 살짝 언급한 데다 길어봐야 100자 이내로 쓰는 문제이니 그리 어려워하거나 낯설게 느끼지 않을 것이라 여겼다. 서술형 문항의 출제로 과목별 시험 시간이 20분가량 늘어났는데, 시험이 너무 쉬워 남은 시간을 허송할까 싶어 걱정될 정도였다.

일찌감치 시험을 끝내고 책상에 엎드려 자는 친구들이 군데군데 눈에 띄었다. 이내 시험이 끝났음을 알리는 종이 울렸고, 모든 교실의 답안지를 학급별로 수합했고, 서둘러 채점했다. 과목별 모든 성적이 합산되어야 하는 까닭에, 욕먹지 않으려면 며칠 내로 서술형 답안의 채점은 물론 점수 확인까지 마쳐야 했기 때문이다.

그런데, 웬걸! 채점하는 일이 녹록지 않았다. 정답을 확인하고 채점 기준에 따라 부분 배점을 부여하는 것이 고민스러웠던 게 아니라, 아이들이 답이라고 써놓을 글을 읽는 것 자체가 힘들었다. 우선 맞춤법부터가 엉망이고, 서술형이라 밝혔음에도 단답형으로 답을 적은 경우가 태반이었다. 거기에 필체가 괴발개발이어서 '판독' 자체가 곤란한 경우조차 허다했다. '외교 문서'를 '왜교 문서'라고 쓴다거나, '정치체제'를 '정치채제'로, '무릎쓰다'를 '무릎쓰다'로 혼동해 적은 아이들이 적지 않았다. 이렇듯 맞춤법조차 서툰 아이들에게 내용을 요약하고 자신의 주장을 논리정연하게 서술하라는 요구는 어쩌면 애초 무리한 것인지도 모른다. 더욱이 개중에는 국어 시험도 아닌데 의미만 통하면 되지 않느냐며 부분 점수를 달라는 '뻔뻔한' 아이들도 있었다.

명색이 고등학생이 초등학생 받아쓰기 수준도 안 되는 현실을 어떻게 이해해야 할까. 공부할 때 국어사전을 곁에 두고 하는 아이들은 사라진 지 이미 오래고, 마치 욕설을 연상케 하는 그들 또래의 은어가 범람하면서 언어생활이 천박해지고 나아가 맞춤법이 무력화되는 양상을 보이고 있다. 숫제 인터넷에서 떠도는 은어가 고스란히 답안지로 옮겨지는 모양새다.

더욱 심각한 문제는 서툴지언정 자기 생각을 글로 표현할 줄 아는 아이들이 그다지 많지 않다는 점이다. 기실 이는 국어 교과를 배우는 가장 중요한 목적이지만, 영어, 수학과 더불어 상급 학교 진학을 위한 도구 과목이자 수험 과목으로 변질된 탓이다. 어느 과목이 안 그럴까마는 국어 수업조차 수능을 대비한 문제 풀이 위주여서 글쓰기란 사치에 가깝다.

문장으로 풀어 쓸 자신이 없었던지 핵심 단어만 몇 개 나열한 게 수두룩하고, 글자 수에 맞춰 쓴 답안이라고 해봐야 논리도 타당성도 없이 그저 교과서 내용을 암기하다 만 듯 어설픈 답안이 대부분이었다. 수학의 공식뿐만 아니라 문제 풀이 과정조차 달달 외워서 쓰는 아이들인데, 하물며 역사 과목임에랴.

초등학교 때까지만 해도 마치 숙제처럼 했던 일기를 여전히 쓰고 있다는 고등학생은 더 이상 찾아볼 수 없다. 하긴 1년 365일, 학교와 학원, 독서실을 순례하는 아이들이 '한가하게' 일기 쓸 여유가 있을 리 없잖은가. 가방 속에 시집 한 권쯤은 늘 넣고 다니는 '문학소년'도 없고, 시인이나 소설가를 꿈꾸는 경우는 장래에 농부가 되겠다는 아이만큼 찾아보기 어렵게 됐다. 그러나 맞춤법에 서툴고 글쓰기 능력이 떨어지는 건 그렇다 쳐도, 차마 읽어내기 힘든 아이들의 괴발개발 필체는 자못 충격적이었다. '발가락으로 써도 저보단 낫겠다'라는 생각이 들 정도였다. 비단 몇몇 아이들만의 문제가 아니다. 거의 모든 아이의 필체가 엉망이라고 해도 지나치지 않다. 마치 선사시대의 바위 그림을 보는 듯한 아이들의 답안지를 보노라니 채점하는 것조차 사치스럽게 느껴졌다.

언제부턴가 아이들의 필기 능력이 급격하게 퇴화해 버렸다. 요즘엔 눈으로 읽으려고만 할 뿐, 연습장에 손으로 써가며 공부하는 아이가 거의 없고, 교사가 칠판에 판서하는 것을 공책에 받아 적는 아이 역시 많지 않다. 그래서인지 고육지책으로 그날 공부할 내용을 미리 인쇄물로 만들어 수업 시간에 나눠주는 교사가 많다. 말하자면, 공책 정리를 대신 해주는 셈이다.

예전에는 미술 시간에 한 꼭지로 배우기도 했고, 교내 서예 대회 등이 열려 붓글씨를 쓸 기회가 종종 있었지만, 이젠 학교에서 벼루에 먹을 가는 모습은 찾아볼 수 없다. 역사관 등에 전시된 사진첩에서나 볼 수 있는 오래된 풍경이 됐다. 벼루나 먹, 붓은 고사하고 가방에 필통조차 넣고 다니지 않는 아이들이 부지기수이니 더 말해서 무엇 할까.

가방에 필기도구는 없어도 스마트폰만큼은 잊지 않고 챙긴다. '스마트한 환경'에 익숙해진 아이들에게는 펜으로 메모하는 것보다 컴퓨터 자판을 두드리는 것이, 나아가 엄지손가락으로 글자를 입력하는 것이 훨씬 빠르고 편리하다. 아이들은 아예 펜과 수첩을 들고 다니는 것 자체를 귀찮아하고 번거롭게 느낀다.

'신언서판身言書判'이라 해서, 예전에는 필체를 사람됨을 판단하고 인물을 고르는 중요한 기준으로 여겼고, 필체를 다듬고 가꾸는 일련의 과정을 서예書藝가 아닌, 서도書道라 하여 인격을 수양하는 행위로 삼았지만, 아이들에게는 그야말로 '공자 왈 맹자 왈'일 뿐, 호랑이 담배 피우던 시절의 이야기가 돼버렸다.

서툰 글씨체는 아이들만의 문제는 아니다. 갓 부임한 젊은 교사들이 토로하는 가장 큰 고충이 바로 칠판 글씨를 잘 못 쓰겠다는 거다. 분필을 연필 잡듯 잡고 칠판에 삐뚤빼뚤 판서 내용을 적노라면 아이들의 키득거리는 비웃음 소리가 곳곳에서 들려온다고 한다. 그럴 때면 쥐구멍에라도 숨고 싶은 심정이라고 한다.

이른바 '엄지족'의 등장은 교실 수업의 풍경을 180도 바꿔놓게 될 게 뻔하다. 전자 교과서가 등장하면서 종이 교과서와 공책이 시나브로 사라질 테고, 칠판에 판서하는 대신 스마트폰이나 노트북 등을 활용한 수업이 대세가 될 날도 머지않았다. 누군가 수첩에 펜을 들고 메모하는 장면을 보게 된다면 마치 동물원의 원숭이 보듯 신기해 여길지도 모를 일이다.

'판독' 자체가 어려운 아이들의 필체가 그들의 삭막하고 거친 정서를 닮았다고 하면 섣부른 판단이 될까. 답안지에 삐뚤빼뚤하게 적혀있는 건 그들의 글씨가 아니라 헝클어진 그들의 마음가짐이다. 한 명 한 명의 답안지를 들여다보노라니 수업 시간 겪어본 아이들의 성격과 글씨체가 어쩌면 그렇게 꼭 들어맞는지.

고등학생에게는 조금 유치하긴 해도, 수행평가 삼아 이따금 공책 검사를 하면 어떨까 싶다. 또, 교과서 내용 베끼기 같은 숙제도 가끔 내줘야겠다. 그렇다면 아이들은 틀림없이 지금이 어떤 시대인데 그런 낡은 방식의 과제를 부과하느냐며 따져 물을 테고, 그들을 설득할 답변을 어떻게든 마련해야 할 테지.

"너희들 나중에 대학 졸업해 회사에 취직할라치면 '자필' 이력서를 제출해야 하거든. 미리 연습한다 치고 글씨체 좀 신경 써라. 지금처럼 썼다간 읽히기도 전에 쓰레기통에 처박히게 될지도 몰라."

2부

아이들은 어른의 거울이야!

대형 참사의 뼈아픈 교훈도
대학 입시 아래에서는 힘을 쓰지 못했다

 어느 여름날 오후 2시 정각, 요란한 사이렌 소리와 함께 전국에 공습경보가 발령됐다. 조회 시간에 이미 아이들에게 비상 대피 훈련을 한다고 공지된 터다. 지침대로라면, 진행 중이었던 5교시 수업을 잠시 멈추고, 학급별로 질서 정연하게 운동장 스탠드로 뛰어나가 대피해야 한다. 그러나 아이들의 동작은 굼뜨기가 이를 데 없다. 수업을 하지 않아 좋긴 한데, 하루 중 가장 더운 시간에 에어컨 돌아가는 시원한 교실을 떠나 밖으로 나가려니 선뜻 발이 떨어지지 않는 거다. 창밖을 힐끔 내다보며 다른 반 아이들이 나가는 걸 보고 뒤따라가자며 그새 요령을 피운다.
 아침까지만 해도 가랑비가 내려 선선하더니만, 낮엔 습기까지 잔뜩 머금은 찜통더위가 이어졌다. 콘크리트 스탠드마저 달궈져, 앉는 건 고사하고 서 있는 것조차 부담스럽다. 공습경보가

해제되는 20분 동안, 삼삼오오 모여 수다를 떠는 아이들도 있고, 영어 단어를 외우거나 굳이 공책까지 챙겨 나와 숙제하는 경우마저 있다. 정작 공습경보에 경각심을 갖는 아이는 거의 없다. 시사적인 일에 별 관심이 없다 보니, 담임교사가 미리 훈련의 목적 등에 대해 설명해 주지 않았다면 왜 밖으로 나가야 하는지조차 모를 아이들이다. 아닌 게 아니라, 뻔히 안내방송을 듣고도 이번에도 지진 대비 훈련이냐며 묻는 경우도 있었다.

"어차피 형식적으로 시늉만 하는 훈련인데, 수업 시간까지 빼서 굳이 해야 할 필요가 있을까요?"

한 아이의 질문에 순간 마땅한 대답을 찾지 못했다. 나 역시 어릴 적부터 사이렌을 들으며 자랐다고 할 정도로 숱한 민방공 훈련을 받았지만, 매번 형식적이었다는 기억밖에 없어서다. 지금과 다른 게 있다면, 그땐 이따금 콘크리트로 된 지하 벙커 같은 곳에 몸을 숨겼다는 것 정도다. 요즘 아이들의 생각도 별반 다르지 않은 것이다. 그들 역시 훈련이라 해봐야 초등학교 때나 중학교 때나 운동장으로 나가 시간만 때우다 들어오는 것 외에는 해본 게 없다며 키득거렸다. 재난 발생 시 '운동장이 가장 안전한 곳'이라는 인식 말고는 아무런 도움이 안 됐다고 이구동성으로 말했다.

"어차피 시늉만 하는 훈련인데…."

아이들은 '실제 상황'을 단 한 번도 생각해 본 적 없다고 했다. 사실 담임교사인 나 역시도 별반 다르지 않아서 아이들의 '일리 있는' 질문에 제대로 답변할 능력도 없다. 당장 한 아이는 적의 공습이 시작되면 운동장보다 건물 안이 더 안전할 것이라면서 다짜고짜 밖으로 나가라는 게 말이 되느냐며 따지듯 묻기도 했다.

솔직히 학교마다 다양한 실제 재난 상황을 가정한 세부적 행동 요령이 갖춰져 있는지도 의문이다. 고백하건대, 양 떼 몰듯 아이들을 운동장으로 서둘러 나가게 한 것 말고는 다른 행동을 취해본 적이 단 한 번도 없다. 이번처럼 공습경보가 울리든, 지진이나 화재가 발생하든 매번 똑같았다.

"이곳으로 미사일이 날아오는 상황까지 갈 것도 없어요. 당장 지금 학교 건물에 지진이나 화재가 난다고 해도 우리 중에 살아남는 경우는 거의 없을걸요."

절대 그런 일은 일어날 리 없다며 코웃음 치는 아이들 사이에서 또 다른 아이가 말했다. 그도 여태껏 재난에 어떻게 대처해야 하는지를 수업 시간에 배운 기억이 없다면서, 전국에 사이렌을 울려대며 호들갑을 떨 것이 아니라 교육과정에 넣어야 한다며 나름의 대안을 제시했다. 나아가 수능 필수과목으로 지정하면 가장 효과적일 거라고 덧붙였다.

'돈보다 생명과 안전'이라는 10년 전 세월호 참사의 교훈을 맨 먼저 깨닫고 실천해야 할 곳이 학교일 텐데도, 안전에 관한 한 가장 더디게 변하는 것 같다. 참사 직후 교무실에 '안전교육부'와 같은 부서가 생겨날 만큼 안전에 관심이 비등했지만 그때뿐이었다. '실제 상황'은 먼 나라 이야기일 뿐, 교육은 이론 위주였고, 훈련은 늘 형식적이었다.

무엇보다도, 아무리 국가적인 재난 훈련이라도 공부에 방해가 되면 안 된다는 어처구니없는 인식이 뿌리 깊다. 누구 말마따나, 아이들에게 '재난'은 멀고 '입시'는 가깝다. 듣자니까, 전국적으로 동시에 실시된 이번 훈련에 입시를 앞둔 고3들까지 참여시킨 고등학교는 거의 없다고 하니 더 말해서 무엇 할까. 심지어 일부 학교에서는 대피 훈련은커녕 안내방송조차 틀지 않았다고 한다. 형식적으로 할 바에야 차라리 하지 않는 편이 낫다고 여겨선지 몰라도, 아이들은 안전에 대한 경각심을 느낄 기회조차 박탈당한 셈이다. 수능 듣기평가 때 모든 항공기의 이착륙도 멈추게 하는 나라에서, 애초 '안전' 따위는 '입시'에 상대가 되지 못한다.

결국 아이들은 시나브로 '똑똑한 바보'가 돼버렸다. 그 어렵다는 미적분 문제는 술술 풀어내도, 정작 재난에 맞서 자신의 생명을 지켜내는 기초적인 생존법은 알지 못한다. 적의 공습이든, 지진이든, 실제 재난이 닥치면 그들의 삶은 바람 앞에 촛불일 수밖에 없다. 공습경보가 해제될 때까지 20분 동안 운동장에서 그들과 나눈 대화가 이를 증명한다. 지진이 나면 아이들은 너나없이 책상 밑으로 몸을 숨기는 것만 들어 알고 있을 뿐이다. 정작 중요한 '왜 그래야 하는지'의 이유와, 그보다 앞서 해야 할 일은 무엇인지 등에 대해선 아무런 관심조차 없었다. 그러다 보니, 건물 밖으로 뛰어나가는 것이 얼마나 중요한지 알 길이 없고, 그저 귀찮은 일이 되고 만다.

물론, 몇몇 아이들은 질문에 똑 부러지게 답하기도 했다. 하지만 학교에서 실제 상황이 벌어진다면, 그런 지식조차 별무소용일 듯싶다. 적어도 수백, 수천 명이 함께 생활하는 학교에서는 전체가 하나의 유기체처럼 일사불란하게 움직이지 않으면 대형 참사로 이어질 수밖에 없는 까닭이다.

개인별로 대피 요령을 익히도록 하는 것과는 별개로, 전체가 동시에 대처하는 구체적인 행동 요령이 절실하다. 예컨대, 학년별, 학급별로 건물 밖으로 대피하는 동선이 정해져 있어야 하는 건 기본이고, 대피 순서까지도 마련되어야 한다. 대피할 곳에는 교실처럼 학년, 반 등이 표시되어 있어야 하고 시시각각 상황을 전하는 연락망 등도 필요하다. 실제 상황에 대비하여, 학급 내에서는 교실 앞뒤 문을 즉각 개방하는 학생과, 각종 기자재의 전기 플러그를 뽑는 학생 등도 구체적으로 지정되어야 한다. 하다못해 교실마다 구비되어 있는 소화기의 당번도 정해서 동선과 정확한 사용법 등을 숙지시킬 필요가 있다. 모든 교실에 소화기가 비치되어 있다고 해서 그것만으로 안전이 담보되지는 않는다.

"요즘 아파트의 집집마다 비상용 완강기가 마련돼 있는데, 훈련 한 번 해본 적이 없어서 어떻게 사용하는지 몰라요. 분명히 있긴 할 텐데, 가정용 소화기도 어디에 있는지 솔직히 모르겠고요. 그러고 보면, 시설이 있고 없고의 문제가 아니라 재난에 대한 인식의 문제인 것 같아요."

'안전 불감증'에 대한 한 아이의 고백은 기성세대를 향해 잔뜩 날이 서 있다. 정부는 전가의 보도처럼, 부족한 시민의식만 나무랄 게 아니라, 아이들이 그렇듯 '무뎌진' 채로 어른이 되기 전에 특단의 대책이 필요할 듯싶다. 국민의 생명과 안전보다 더 중요한 것이 없을진대, 진짜 '적폐'란 이런 게 아닐는지.

'공유지의 비극'을 방조하는 학교

"'공공의 물건을 내 것처럼 아껴 쓰자'라는 표어가 좀 황당하지 않나요? 자기 것이라면 함부로 다뤄도 되지만, 남들과 함께 써야 할 물건이니 소중하게 사용하는 게 맞잖아요."

한 아이가 무심코 던진 질문에 무릎을 쳤다. 지금껏 수백 수천 번도 더 접한 표어지만, 단 한 번도 그 말에 의문을 가져본 적이 없었다. 의문을 품기는커녕 너무나 당연해 식상한 이야기로 여겼을 뿐이다. 몇몇 아이들도 그의 말에 맞장구를 쳤다. 다들 앞뒤가 안 맞는 글귀라는 것이다.

난 그의 머리를 쓰다듬는 것으로 답변을 대신했다. 그러곤 바로 교무실에 내려와 몇몇 동료 교사들에게 교실에서의 경험을 들려주었다. 놀랍게도 누구 하나 아이들과 같은 의문을 던지지 않았다. 모두 시답잖다는 듯한 표정만 지을 뿐이었다. 섣부르지만, 우리 사회에서 공공성이라는 건 상급 학교에 진학할수록, 어른이 되어갈수록 희미해지는 가치가 된 성싶다. 그즈음 아이들 사이에서 유행했던 우스갯소리가 있다.

"나만 아니면 돼."

과거 TV의 개그 프로그램에서 인기를 끌었던 유행어다. 이는 우리 사회의 얕은 공공의식을 에둘러 나무라는 취지였는데, 아이들끼리 아무렇지도 않게 웃고 떠들다 보니 시나브로 그걸 당연한 태도처럼 여기는 듯했다.

학교 복도나 계단에는 아무렇지도 않게 쓰레기를 버리지만, 자기 공부방이나 거실을 그렇듯 쓰레기통 삼는 아이는 없다. 집에서 음식물을 바닥에 흘리면 곧장 닦아낼 테지만, 학교에서라면 못 본 척 그대로 내버려 두기 일쑤다. 자기 돈이라면 100원짜리 동전 하나 아까워하면서 세금으로 지출되는 거라면 펑펑 물 쓰듯 하는 기성세대의 모습을 그대로 닮아가고 있다.

다만, 무릎을 치게 만든 질문을 던지는 걸 보면 아직 포기하긴 이르다. 무너져가는 공공성을 회복하기 위해서는 무엇보다 우리 기성세대의 성찰이 전제되어야 할 것 같다. 우리의 적폐를 미래 세대 아이들에게 그대로 물려줄 수는 없는 노릇 아닌가.

우리는 실력이 뛰어난 사람이 사회적으로 우대받고 정치적·

경제적 특권을 누리는 것을 당연하게 여긴다. 심지어 그것을 정의로운 사회라고 추켜세우기까지 한다. 학교에 대입해 보면, 성적이 우수한 학생이 명문대에 입학하고 졸업 후 대기업에 취직하고 높은 연봉을 받아 풍요로운 삶을 누리는 일련의 인생 행로가 마땅하다고 생각한다.

 물론, 학교에서 성적이 우수하다는 건 실력이 뛰어나다는 말과 동의어처럼 사용된다. 그러나 여기엔 무시할 수 없는 맹점이 있다. 계량화된 지표로 드러나는 성적을 과연 진짜 실력으로 볼 수 있느냐는 것이다. 예컨대, 도덕 성적이 우수하다고 도덕성이 높다고 단정하긴 어렵다. 사실 도덕 성적과 도덕성이라는 인간의 품성은 아무런 상관성이 없다. 이는 학교에서 배우는 과목 중 비단 도덕 교과에만 해당하는 것도 아니다.

 찢어지게 가난한 형편에 풀빵을 팔고, 공부할 시간을 쪼개 신문 배달을 해 학비를 벌고, 주경야독으로 명문대에 합격한 특성화고 출신자. 졸업 후 굴지의 대기업에 들어가 젊은 나이에 대표이사 자리까지 꿰찬 열정적인 기업가. 이후 정치인으로 변신해 탄탄대로를 거쳐 대통령이라는 최고의 권력까지 거머쥔 입지전적인 인물. 우리는 어릴 적부터 이런 사람을 존경하며 롤 모델 삼도록 가정과 학교에서 교육받는다. 그런 이들을 많이 배출한 곳을 명문 학교라고 부르며 시샘과 찬사를 동시에 보내기도 한다.

하지만 그의 화려한 이력에도 공공성이 담보되지 않으면 그저 개인적인 성취일 뿐 사회 공동체에 보탬이 되기는커녕 해악만 끼치게 된다. 우리는 명함에 적힌 그의 벼슬에만 눈길을 줄 뿐, 그가 정작 어떤 삶을 살아왔는지 별 관심이 없다. 선거철만 되면, 가면이나 껍데기일 뿐인데도 출마자들이 선거 홍보물에 학력과 직위를 빼곡하게 적어넣는 이유다.

실력이 뛰어난 사람이 특권을 누리는 것에 동의한다면, 실력에 대한 정의를 재정립해야 한다. 학력이 실력이고 배움의 징표라고 한다면, 그것이 개인적인 성취보다 공동체에 얼마나 기여했는가로 평가되어야 마땅하다. 성적 1등급과 100점이 아니라, 부족한 지식과 자투리 시간일지라도 자신이 아닌 남을 위해 기꺼이 쓰려는 그 마음, 그 마음 씀씀이야말로 진정한 실력이 아닐까. 마찬가지로 공동체를 위해 자신의 재능과 시간을 기꺼이 내놓을 수 있는 헌신적 시민을 길러내는 교육이라야 진짜 교육 아닐는지.

반성하건대, 지금껏 학교 교육은 '공유지의 비극'을 방조해 왔다. 전가의 보도처럼 대학 입시를 이유로 무한경쟁과 각자도생을 부추겨온 것이다. 천박한 사회 구조와 그릇된 학교 교육에 맞서 아이들의 머릿속 공공성과 가슴속 선한 의지가 언제까지 버텨낼 수 있을지 걱정이 앞선다. '자기 것이라면 함부로 다뤄도

되지만, 남들과 함께 써야 할 물건이니 소중하게 사용하는 게 맞다'라는 아이의 말은 교사인 내게 죽비소리였다.

잊은 게 있다. 앞서 예를 든, 어려운 가정환경을 딛고 주경야독해서 최고의 권좌에 오른 입지전적인 인물을 미처 소개하지 못했다. 구태여 말하지 않아도 모두 알 테지만, 이명박 전 대통령이다. 그런 삶의 종착역이 모두 이명박 같다고 일반화시킬 순 없지만, 그의 비루한 삶을 반면교사 삼는다면 그도 우리의 스승이다.

학벌에 따른 차별을 기꺼이 감내하겠다는 아이들

 개혁신당 이준석 대표가 2025년 대선에 출마해 막말 논란으로 국민적 공분을 사기 한참 전의 일이다. '정치인 이준석'을 주제로 두 시간 동안 아이들과 대화를 나눈 적이 있다. 당시에 이준석을 모르는 아이는 거의 없었다. 그가 서른여섯의 젊은 나이로 보수 정당의 대표에 당선되었다는 것과 대통령 윤석열에 맞서다 쫓겨났다는 것쯤은 모두가 알고 있었다. 현재 야당 국회의원으로서, 아이들 사이에선 미래 대통령이 될지도 모른다는 이야기까지 돌고 있었다.

 아이들에게 이준석은 정치인이 아니라 유명 방송인 이미지가 강하다. 토론의 달인, 과학고 출신, 하버드대 졸업생, 공부의 신…. 아이들이 말하는 이준석의 수식어다. 이는 모두 TV의 예능이나 시사 토론 프로그램과 여러 유튜브 채널에 출연하면서 얻게 된 이미지다. 그는 2024년 제22대 총선에서 가까스로 국회의원 배지를 달았는데, 아이들은 그가 그동안 국회의원 선거에서 세 번이나 낙선한 사실을 낯설어했다.

"이준석이라고 쓰고, '엄친아'라고 읽죠."

초등학교 시절부터 그를 알고 있었다는 한 아이의 말이다. 감히 범접할 수 없는 스펙의 소유자라며 자신의 롤 모델이라고 했다. 집안 좋지, 학벌 좋지, 잘생겼지, 말 잘하지, 뭐 하나 빠지는 게 없는 그를 통해 새삼 세상은 공평하지 않다는 걸 깨달았다며 웃어 보이기도 했다.

아이들에게 이준석은 선망의 대상이었다. 심지어 단 하루만이라도 이준석처럼 살아봤으면 더 바랄 게 없겠다고 말하는 아이도 있었다. 모든 걸 다 가진 그가 총선에서 세 번이나 연거푸 낙선했다는 사실을 못 믿겠다면서, 그를 떨어뜨린 상대 후보의 스펙이 궁금하다고 말했다.

아이들은 정치든 뭐든 '나이보다 실력'이라고 입을 모았다. 성별 갈라치기로 정치적 이익을 도모한다는 비난의 목소리가 크지만, 그가 20~30대 청년들로부터 압도적 지지를 받는 건 당연하다는 거다. 봉건적인 신분 사회도 아니고, 나이 많다고 대우를 바라는 건 '꼰대 짓'이라고 말했다. 그가 이미 실력이 검증된 사람이라는 데엔 이견이 없었다.

"그는 하버드대를 나왔잖아요. 무슨 설명이 더 필요하죠?"

그의 실력을 어떻게 증명할 수 있느냐는 질문에 한 아이가 말을 자르며 이렇게 답했다. 사실 그는 정치인으로서의 능력을 보여준 적이 없다. 국회의원 선거 때마다 낙선했으니, 자신의 정치적 역량을 발휘할 기회조차 없었다. 방송에 나가 자기의 생각을 두루뭉수리 피력했을 뿐이다. 곧장 내쫓기는 신세가 됐지만, 최연소 집권당 대표가 되고 국회의원에 당선된 것이 그의 '실력'을 보여준 유일한 사례다.

아이들에게 실력은 스펙과 동의어다. 본디 영어 단어 '스펙specification'은 기준이나 규격, 사양 등 여러 가지 뜻으로 쓰이지만, 그들은 오로지 실력을 검증할 수 있는 계량화된 지표로 번역한다. 학벌이나 자격증, 하다못해 토플·토익 점수도 실력을 증명하는 도구로 활용된다. 스펙이 변변치 않은 자는 '고高스펙'을 갖춘 자를 '리스펙Respect'해야 한다. 만약 그를 시샘하거나 남들 앞에서 험담하면 주위로부터 대번 지질한 자로 낙인찍힌다. 아니 꼬우면 열심히 노력해서 레벨을 높이면 된다고 조언한다. 이것이 요즘 아이들의 세상 사는 문법이다.

불과 몇 해 전까지만 해도 '엄친아'는 시샘이나 조롱에 가까운 표현이었는데, 요즘엔 분위기가 사뭇 달라졌다. "부모 잘 만나는 것도 능력"이라는 식의 망언까지 용납하는 건 아니지만, 부모를 잘 만났다고 해서 모두 성공하는 건 아니잖으냐는 식이다. '엄친아'에 대한 편견이 다소 누그러진 것이다.

 아이들은 이준석을 그 대표적인 사례로 꼽는다. 과학고에 진학하고 세계 최고의 대학이라는 하버드대까지 합격했으니 그 노력을 인정하고 보상해 주는 건 당연하다고 말했다. 그보다 더 좋은 환경에서 자란 사람은 많지만, 그만한 학업적 성취를 거둔 이는 드물지 않으냐며 두둔했다.

 압권은, 그것이 당연하고도 공정한 결과라는 한 아이의 주장이었다. 스펙을 기준으로 역대 선거 결과를 분석해 봤다는데, 듣고 있던 아이들은 억지스럽다고 키득거리면서도 일리가 있다며 수긍하는 눈치였다. 후보자별 득표율 순위와 그들의 학벌 서열이 거의 일치한다는 것이었다. 다른 모든 대학을 무릎 꿇린 서울대라고 해도 하버드대 앞에서는 고개를 숙여야 한단다. 아이들은 학벌 구조를 골품제에 비유했다. 하버드대 출신이 성골이라면 서울대는 6두품 정도에 불과하다며, 오르지 못할 나무는 쳐다보지도 말라는 속담까지 끌어와 설명했다. 서울대는 죽기 살기로 노력하면 바라볼 수라도 있지만, 하버드대는 '넘사벽'이라고 잘라 말했다. 그렇듯 하버드대가 서울대 위에, 서울대는 나머지 대학들 위에 군림하는 건 아이들에겐 공정한 질서다. 아이들이 이른바 'SKY' 출신이 고위 공직과 기업의 임원을 독식하는 현실에 별다른 문제의식을 느끼지 않는 이유다.

문재인 전 대통령이 2017년 5월 취임식에서 말한 "기회는 평등하고, 과정은 공정하며, 결과는 정의로울 것"이라는 대목은 취임사의 백미로 꼽히며 널리 회자되었다. 아이들은 이 말을 어떻게 받아들이고 있을까. 애초 기회가 평등하지 않으면 과정이 공정할 수도, 결과가 정의로울 수도 없건만, 그들은 그 '인과 관계'에는 관심이 없다. 결과만 좋으면 다 좋다고 여길 뿐이다.

아이들과 깊은 대화를 나누다 보면 알게 된다. 그들은 기회의 평등까진 바라지도 않는다는 것을. 부모를 선택해 태어날 수도 없는데 무슨 기회의 평등이냐며 눈을 흘긴다. 그저 과정만이라도 공정하길 바란다. 그들이 학생부종합전형을 불신하고 수능을 지지하는 가장 큰 이유다. 정의로운 결과인가를 따지기보다 도리어 결과에 승복하지 않는 걸 정의롭지 않다고 여긴다. 각자 출발선이 다른데도 사람들의 시선이 오로지 결승선에만 쏠려 있어서다. 이준석을 향한 시선 역시 당선과 하버드대에 꽂혀있을 뿐, 유복한 가정환경과 그의 부친이 서울대 출신이라는 점은 쉽게 무시된다.

수업 때마다 머지않아 학벌이 아무런 효용이 없는 시대가 온다고 강조해 왔는데, 아이들의 공고한 학벌 의식을 확인하고 나니 뒷맛이 개운찮다. 지금껏 쇠귀에 경 읽기였나 싶어서다. 내

말에 수긍하기는커녕 현실을 외면하는 철부지 이상주의자로 보는 냉찬 시선마저 느껴진다.

아이들은 하버드대 출신의 '능력자' 이준석을 선망했다. 그의 스펙을 칭송하며 실력에 따른 차별이 공정하다는 그의 주장에 찬성했다. 그들은 그에게 열광적 지지를 보낼 준비가 돼 있다. 평등과 공정, 정의에 대한 10대 후반 아이들의 인식은 50대인 나와 천양지차였다. 세대 차이로 눙칠 수 없는 차이였다. 그들이 이준석을 선망하고 지지한다는 건, 그가 그토록 강조하는, 실력에 따른 차별을 기꺼이 감당하겠다는 뜻이다. 그들의 반응에 덜컥 겁이 났다.

돈이 '정의'다?

엊그제 제자들과의 통화 중에 들었던 이야기다. 최근 들어 대학 사학과에 비트코인 학습 모임이 인기를 끌고, 국문학과에 부동산 투자를 공부하는 모임이 생겨났다고 한다. 사학과나 국문학과라면 으레 있을 것 같은 답사나 강독 관련 모임은 입학할 때부터 없었다고 했다. 답사도 없이 역사를 공부하고, 강독도 없이 문학을 공부하는 곳을 과연 대학이라고 할 수 있을까. 차마 그들에게 따져 물을 순 없었지만, 그럼 사학과와 국문학과에 굳이 진학한 이유가 뭔지 궁금했다. 전공과 무관한 애먼 분야를 그 비싼 등록금 내가며 공부할 이유가 없잖나.

"아시다시피, 답사나 강독이 아무런 도움도 안 되잖아요."

학과마다 고유한 특성이 사라진 것 같아 아쉽다고 했더니, 그들이 대꾸하듯 건넨 말이다. 졸업 후 취업에 도움이 안 된다는 뜻이다. 당장 전공 학과의 이름부터 취업에 감점 요인이 큰 상황에서 '기본 준비'만으로 뛰고 나는 다른 학과 경쟁자들을 따라잡기가 만만치 않다고 했다. 그들이 말하는 '기본 준비'란 토익 점수와 자격증 따위를 말한다. 불과 몇 해 전까지만 해도 전공 학점 외에 토익과 자격증은 '스펙'으로 불렸는데, 이젠 그 둘 모두가 갖추어야 할 '기본 준비'로 하향화한 것이다. '문송(문과라서 죄송)'한 아이들의 '원죄'라는 푸념까지 늘어놓았다.

"적어도 문과에선 전공 학과가 큰 의미가 없다는 걸 대학에 와서야 알게 됐어요. 희망 학과 진학과 전공 공부에 유리하도록 내신 성적을 관리하고 교과 세부능력 특기사항과 창의적 체험활동에 각별하게 신경을 썼는데, 헛심만 쓴 꼴이죠. 정작 대학에서 공부하는 것과 아무 상관도, 필요도 없거든요."

그는 모든 대학, 모든 학과에서 초등학생 구구단 외우듯 토익을 공부하고 자격증을 준비한다고 장담하듯 말했다. 애초 대학 합격과 동시에 공무원 시험 준비에 매진하는 동기도 여럿 봤다고 했다. 대학은 그저 대졸자 자격을 취득하는 곳 그 이상도 이하도 아니라고 했다. 제자의 말을 빌리지 않더라도, 전국의 모든 고등학교가 대학입시를 위한 준비 기관일 뿐이고, 대학이 취업을 대비한 학원으로 전락한 건 이미 오래다. 취업을 위한 '스펙' 쌓기용 동아리들이 적지 않은 비율을 차지하고, 대학생조차 사교육비를 걱정하는 시대다. '지성의 전당'이라는 말이 무색해졌다.

역사학도가 비트코인에 목매달고 국문학도가 부동산 투기에 골몰하는 대학 교육의 파행은 대체 어디서 비롯된 걸까. 이토록 학문이 조롱받는 시절이 또 있었을까 싶다. 취업을 위해서 '영혼'까지 판다는 대학생들의 참담한 현실 앞에 대학은 속수무책, 존재 이유를 상실해 버렸다.

정말로 심각한 문제는 학문을 천시하는 풍토와 대학 교육의 왜곡된 현실을 아이들은 물론, 교사들조차 별반 대수롭지 않게 여긴다는 데 있다. 아이가 관심이라도 보일라치면, 부모와 교사가 나서서 역사와 문학을 전공해서 어디에 써먹을 거냐며 혀를 끌끌 차는 지경에 이르렀다.

몇 년 전, 아이에게 헛바람을 넣지 말라며 한 학부모로부터 쓴소리를 들은 적도 있다. 아이가 밥상머리에서 갑자기 사학과로 진로를 바꾸겠다고 말한 걸 두고 문제 삼은 것이다. 지금까지 경영학과나 행정학과를 염두에 두고 있었는데, 역사 교사인 내가 꼬드겼다고 여기는 듯했다. 아이가 역사에 남다른 관심을 보인다고 했더니, 사학과에 가서는 졸업 후 취업이 안 된다며 동문서

답을 했다. 관심이란 건 나이 들어가다 보면 하루에도 수십 번 바뀌지 않느냐면서, 아이 앞에서 사학과 이야기는 삼가달라고 정중히 부탁했다. 내색하진 못했지만, 교사로서 적잖은 상처를 받았다. 6~7년 뒤 졸업 후를 미리 걱정하기보다 아이가 흥미를 갖고 즐겁게 공부할 수 있는 학과를 선택하는 게 낫지 않겠느냐는 말조차 마뜩잖게 여기는 눈빛이었다. 그때 입안에서는 '사학과든 경영학과든 취업 가능성으로 치면 오십보백보'라는 말이 맴돌았다. 결국 아이는 부모의 바람대로 경영학과에 진학했다.

대학 내 인문학 관련 학과 재학생들에겐 복수 전공이 필수라는 이야기도 있다. 대개는 경영과 경제 등 실용 학문이나 영어와 중국어 등 어학 관련 분야에 발을 걸친다. 심지어 교사를 꿈꾸는 사범대 학생들도 임용시험에 대비하기 위해 복수 전공을 선택할 수밖에 없다고들 한다. 학문 탐구는 뒷전이고 오로지 취업의 유불리에 의해 학과 선택이 결정되는 현실에도, 우리 대학들은 신입생 부족 타령만 늘어놓을 뿐 아무 일 없다는 듯 평온하기만 하다. 재학생들이 전공에 상관없이 비트코인과 부동산에 심취해 있다는 사실을 모를 리 없다. 되레 대학 스스로 어찌해 볼 도리가 없다며 손을 놓아버린 느낌이다.

그렇다고 대학만 탓할 순 없다. 이미 만신창이가 된 대학에 온존한 학벌 구조를 평계 삼아 아이들을 줄 세워 욱여넣는 고등학교 교사들 역시 책임이 가볍지 않다. 일단 대학에 진학만 시키면 그것으로 교사의 역할도, 의무도 모두 끝난다고 여긴다. 고백하건대, 학교는 이후 그들의 미래까지 걱정할 겨를이 없다.

 최근엔 학교마다 전가의 보도였던 학벌 구조에 화살을 돌리기도 뭣한 어처구니없는 상황이 벌어지고 있다. 명문대 진학을 위한 경쟁이 공정하다고 여기는가 하면, 미래를 위해 주식과 비트코인, 부동산 갭투자 등을 공부하는 젊은 교사들이 적지 않다. 그들에겐 교직이 부업이라는 우스갯소리까지 나오는 형국이다. 아이들 앞에서 자본주의 사회에서 각자도생과 무한경쟁은 불가피하다고 선선히 말하는 이들도 있다. 비트코인과 부동산 갭투자를 블루오션이라고 단언하며, 대학의 전공 선택보다 더 중요하다고 강조하기도 한다. 요즘 학교마다 주식 투자 동아리가 붐을 이루는 이유라고 덧붙였다. 나아가 더 늦기 전에 방과 후 수업에 관련 강의를 개설할 필요가 있다고 주장하기도 한다. 이러한 분위기 탓인지, 누군가 비트코인으로 목돈을 벌었다거나 더 늦기 전에 주식을 공부해야 한다는 이야기는 아이들의 카톡 '상태' 메시지에서조차 종종 등장한다. 한 아이의 카톡엔 아예 '돈은 언제나 옳다!'라고 적혀있었다.
 그저 세대 차이로 눙칠 수 있을까. 동료 교사로서 적잖은 괴리감이 느껴질 때가 많다. 그들은 비트코인과 부동산 갭투자는커녕 주식 투자, 하다못해 로또도 한 번 사본 적 없는 나를 원시인

쳐다보듯 했다. 그런 걸 모르면 요즘 아이들과 소통하기 힘들다며 짐짓 충고하기도 했다.

분명 틀린 말은 아닐 테지만, 수긍하려니 왠지 서글프다. 그들이 블루오션이라고 엄지손가락을 치켜세우는 그것들은 하나같이 각자도생과 무한경쟁을 부추기는 도구이자, 그 서슬 퍼런 가치관을 내면화한 결과라는 생각에서다. 공존과 협력을 가르쳐야 할 학교 스스로 존재 이유를 배반하는 일탈 행위라고 한다면 억측일까.

'이재에 밝은' 젊은 교사들을 나무라자니 뒤통수가 따갑다. 따지고 보면, 비트코인에 목매단 역사학도와 부동산 투기에 골몰하는 국문학도의 '미래형'일 테니 말이다. 그들에게 각자도생과 무한경쟁의 가치관을 심어준 건 다름 아닌 우리 사회와 학교였다. 곧, 나와 같은 기성세대의 책임인데 누가 누굴 탓하랴.

섣부른 분석이지만, 학교의 교단이 1997년 외환위기의 직접적 영향권에 들어서고 있는 듯하다. 이른바 'IMF 세대'가 교단을 채우고 있다. 갓 부임한 젊은 교사들은 1990년대에 태어난 경우가 대부분이다. 외환위기의 후폭풍 속에 학창 시절을 보냈고 임용시험을 준비했다는 이야기다. 어릴 적부터 곁눈질 한 번 하지 않고 오로지 앞만 보고 달려온 이들이다. 생존을 위해서는 단 한 번의 실패와 좌절도 용납되지 않는다는 사실을 가정과 학교에서 줄곧 들어온 세대다. 능력주의에 바탕을 둔 공정을 민주주의와 정의로 간주하는 그들이 지금의 아이들을 가르치고 있다.

동서고금을 막론하고 '장강의 뒷물결이 앞물결을 밀어내는' 건 순리다. 교사라고 예외일 순 없다. 가르치고 있는 아이들의 부모보다 나이가 많은 50대 중반의 교사로서, 젊은 교사들에게 자리를 양보하고 뒤로 물러나는 게 맞다. 하지만 종일 시세 확인하느라 휴대전화만 들여다보는 그들이 못마땅한 건, 나도 어쩔 수 없는 '꼰대'여서일까.

공공성의 가치를 조롱하는 의대생 제자들

 지난 문재인 정부부터 지속된, 특히 윤석열 정부 들어 첨예했던 의정 갈등을 지켜보면서 대한민국 의료에 대한 생각이 180도 바뀌었다. 인공지능에 기반한 원격의료의 필요성에도 일정 부분 공감하고, 외국으로부터 의사를 유치하는 것 또한 반대하지 않게 됐다. 나중에 병원 신세를 질 때가 오더라도, 조만간 의사가 될 지금 의대생들에게 내 몸을 의탁하고 싶지 않다.

 문재인 정부 당시 의사 파업이 강행되면서 의대 교수들이 나서서 의대생들이 의사고시를 볼 수 있도록 선처해달라며 정부에 요청했다. 그런데 정부의 굴욕적인 양보에도 아랑곳하지 않고 진료 거부를 주도한 당사자들은 일언반구 아무런 말이 없었다. 그들은 스승의 등 뒤에 숨어 사태를 관망하는 듯한 모습이었다. 정부를 무릎 꿇리기 위해 그들은 응급실을 비웠고, 그들의 동료인 간호사들의 업무는 배가되었다. 병원을 찾은 환자들은 큰 불편을 겪어야 했고, 그로 인해 치료할 시기를 놓쳐 목숨을 잃은 이들도 있다. 여론의 질타에도 그들의 몽니는 더욱 기세등등해져만 갔다. 그들은 국민 앞에 사과할 용기가 없는 게 아니라, 사과할 마음이 없는 듯했다. 그들은 뭘 잘못했는지 전혀 모를뿐더러, 여론에 떠밀려 사과하는 건 잘못을 자인하는 꼴이라며 반발했다. 애초 '시비를 건' 정부가 자신들에게 먼저 사과해야 한다고 말하는 이들도 봤다.

"의사고시를 치르지 않으면 저희도 피해를 입겠지만, 정부가 더 큰 타격을 받게 될 걸요. 당장 의사가 부족해지면 농어촌 등 의료 취약 지역이 심각한 피해를 입게 될 겁니다. 정부가 이를 수수방관할 수 없을 테니, 적당히 '밀당'하다가 구제하는 쪽으로 결론이 나겠죠."

당시 통화했던 수화기 너머 의대생 제자의 목소리는 사뭇 당당했다. 자칫 1년을 허송하게 될지도 모른다며 위로를 건넬 요량이었는데, 그다지 불안해하는 기색을 느낄 수 없었다. 언제 그랬냐는 듯 여론의 관심도 식어갈 테고, 결국 이번에도 정부가 무릎을 꿇게 될 거라는 이야기였다. 의대생 대부분이 그렇게 생각할 거라면서, 시간은 자신들의 편이라고 덧붙이기도 했다. 그의 말에 어안이 벙벙해서 뭐라 대꾸할 말이 떠오르지 않았다. 이쯤 되면 공감 능력이 없는 거다. 타인의 고통에 대해 무관심한 이들을 어찌 의사라 부를 수 있을까.

거칠게 말해서, 언제든 생명을 볼모로 삼을 수 있는 그들은 우리 사회의 '갑 중의 갑'이다. 정부가 아무리 을러대고, 비난 여론의 뭇매를 맞아도, 그들에겐 전혀 괘념치 않을 힘이 있다. 비록 뒤에서는 욕할지라도 병원에서는 누구든 자신들 앞에 '을'이 되기 때문이다.

진료 거부 사태로 의대생과 전공의는 물론 의사 집단 전체가 욕을 먹긴 했어도, 의사라는 직업에 대한 인기는 오히려 하늘을 찌르고 있다. 정부의 정책조차 무력화시킨 무소불위의 힘을 두 눈으로 확인한 터다. 변호사나 국회의원보다 의사가 백배 낫다는 말까지 나오는 마당이다.

"해고 노동자는 공장 굴뚝에 올라 수백 일 동안 목숨을 걸고 농성해도 눈 하나 까딱하지 않던 정부가, 한낱 의대생의 몽니에도 움찔거리는 걸 보면, 이 세상에 의사만 한 직업은 없는 것 같아요. 한 달 평균 월급이 1,400만 원이라던데, 의사는 부와 권력을 다 가진 셈이네요."

의사들의 진료 거부를 지켜본 한 고3 아이의 뼈 때리는 지적이다. 자신의 목소리를 내기 위해 해고 노동자는 목숨을 걸어야 하는 반면, 의대생은 응당 치러야 하는 시험만 거부하면 해결되는 현실이 정상이냐고 되물었다. 그의 질문에 뭐라 답해야 할지 몰라 한참을 쭈뼛거렸다.

아닌 게 아니라, 그들의 위세 덕에 '의치한약'은 'SKY'를 누르고 학벌 구조의 최정점에 올라섰다. 적어도 'SKY'로 대표되는 최상위권 대학의 위상은 예년만 같지 못하다. 요즘 아이들 사이에 회자되는 학벌 서열은 의치대부터 시작된다. 의치대면 지방대라도 학벌 서열 최상위에 자리한다. 의치대에 진학할 거라면 굳이 서울로 올라갈 필요가 없다는 이들도 적지 않다. 어차피 입학과 동시에 의사는 떼 놓은 당상인 데다, 마음만 먹으면 나중에 언제든 서울에서 살 수 있으니 시작부터 아등바등하지 않겠다는 뜻이다.

'SKY' 공대와 지방 사립대 의대 중 아이들은 어느 곳을 최종 선택할까. 얼마 전까지만 해도 적잖이 고민스러웠을 테지만, 지금은 단 1초의 주저함도 없이 의대를 택한다. 하긴 이런 '행복한 고민'에 빠질 수 있는 아이들은 기껏해야 100명 중 한두 명이 될까 말까다. 그들의 생활기록부를 보면 면면이 화려하다. 의사협회 의료정책연구소의 말마따나, "학창 시절 매년 전교 1등을 놓치지 않기 위해 공부에 매진한" 흔적이 역력하다. 그들은 초등학교 시절부터 고등학교 때까지 12년 동안을 단 한 번 '삐끗한' 적 없이 최상위권을 독점해 왔다.

오로지 의대 진학을 위해 단 한 순간도 곁눈질하지 않고 오로지 시험공부에만 매몰된 그들은 부지불식간에 '괴물'이 돼버렸다. 대개 공부를 잘하는 아이일수록 자신의 잇속만 차리려는 경향이 뚜렷하다. 자기의 능력과 시간을 당최 공부가 서툰 친구들과 나누려 하지 않는다. 일분일초 허송하는 법 없이 스스로 채찍질해 가며 매사 열심히 공부하지만, 시간도 노력도 모두 자신을 향해 있다. 경험상 그들은 모둠 활동에 소극적이고, 친구들과 함께 수행해야 하는 프로젝트 과제에 대해 불만이 많다. 그들은 다른 친구들로 인해 감점되는 걸 못 견뎌 한다.
 혼자서는 잘하지만, 함께 하는 일에는 젬병인 경우가 많다. 물론, 생활기록부에는 그렇게 기재할 수 없다. 의대에 한 명이라도 더 진학시켜야 하는 학교의 입장도 그렇거니와, 학생과 학부모의 항의를 감당하기도 힘들다. 여담이지만, 대입 전형 자료로 쓸 경우 성적을 제외한 생활기록부 항목은 비공개하는 게 옳다고 본다. 안타깝지만, 성적과 생활기록부에 기재될 내용의 양과 질은 정확히 비례한다. 곧, 최상위권 아이는 자연스럽게 최고의 인성을 지닌 인재가 된다. 수학을 가르치는 한 동료 교사는 이렇게 푸념했다. 생활기록부의 기록만 놓고 보면, 미래에 노벨상을 받을 아이가 한둘이 아니라고.
 '공부가 가장 쉬웠을' 그들에게 사람들을 평가하는 잣대가 시험 성적일 수밖에 없는 건 당연지사다. 지금껏 그들이 존재를 인정받는 방식이었기 때문이다. 한 아이는 자신의 이름보다 '전교 1등'으로 불리기를 바랐고, 다른 아이는 의대에 갈 수 있다면 고문을 당해도 좋다고까지 했다. 그들은 '승자독식'이라는 단어에 별 거부감이 없다. 오히려 무한경쟁에서 승리한 대가로서 당연한 것 아니냐고 반문한다. 어릴 적부터 무한경쟁을 내면화한 그들에게 공감 능력을 기대하는 건 무망한 짓인지도 모른다. '아니꼽거든 네가 이기면 된다'라고 스스럼없이 말하는 그들이다.

그들의 뿌리 깊은 특권 의식은 그렇게 시작되었고 시나브로 길들었다. 그들의 부모는 부추겼고, 교사는 묵인했으며, 우리 사회는 방치했다. 이번 진료 거부 사태에서 보듯, 그들의 아집과 독선은 고스란히 애꿎은 국민의 피해로 돌아온다. 그런데도 그들은 여전히 호기롭다.

의대생 제자들은 하나같이, 안과나 피부과에 가면 쉽게 돈을 버는데, 힘들고 위험한 데다 의료 수가마저 낮은 외과 수술을 누가 하겠느냐며 반문했다. 수술을 시키려면 돈을 더 얹어달라는 뜻이다. 대답 대신, 환자의 생명을 구하기 위해 의사가 된 것 아니냐고 되물었더니, 그들은 그저 웃기만 했다.

역사에 살지 말고 현실에 살라?

"조국의 독립을 위해 바칠 목숨이 하나뿐이라는 게 소녀의 유일한 슬픔이다."

 발단은 유관순이었다. 3.1 운동의 상징적 인물로 우뚝한 그가 옥중에서 순국할 때 남겼다는 이 유언을 아이들은 당최 믿으려 하지 않았다. 고작 자기 또래인 여자아이의 입에서 나올 수 있는 말이 아니라는 거다. 뒷날 호사가들에 의해 조작됐을 가능성이 크다고 단정했다. 그가 고향인 아우내 장터로 내려가 만세 시위를 이끌었다는 것 역시 과장되었을 거라 말했다. 남존여비의 문화가 남아있던 당시에 고작 열일곱 살 여자아이의 말을 마을 사람들이 귀담아들었을 리가 없지 않으냐고 되물었다. 나댄다고 혼쭐이 나지 않으면 다행이라고 키득거렸다.
 3.1 운동 당시 시위대의 주축이 10대 후반의 아이들이었다는

사실조차 반신반의했다. 교과서에 기록된 내용인데도 설마 하는 눈치였다. 이후 6.10 만세운동과 광주학생독립운동 또한 학생들이 '동원된' 독립운동으로 여기는 듯했다. 자발적으로 참여하진 않았을 거라는 이야기다. 2.28 민주화운동과 4.19 혁명, 나아가 5.18 민주화 운동까지도 10대 중고등학생이 주도한 역사적 사건이라는 걸 그저 수험용 지식으로 여겼다. 지금 그들의 인식으로는 상상조차 할 수 없는 대사건이기 때문이다. 당시의 10대는 요즘 10대와 아예 다른 인류인 것 같다고 말했다.

알다시피, 6.10 만세운동의 주동자가 중앙고보(현 중앙고) 학생들이었고, 광주학생독립운동 역시 열다섯 남짓의 광주고보(현 광주일고) 학생들이 주축이었다. 2.28은 학생들이 야당 대통령 후보의 유세장에 가지 못하도록 정부가 막은 게 화근이 됐다. 그만큼 당시 학생들의 정치의식이 높았다는 이야기다.

4.19의 도화선이 된 마산 3.15 의거도 중고등학생들이 이끌었다. 이승만 정권과 경찰의 폭력 진압으로 사망한 김주열은 당시 열여섯 살로 마산상고 1학년 재학생이었다. 그의 참혹한 죽음은 대학생은 물론, 보수적인 대학교수들까지 동참하도록 이끌었고, 끝내 이승만을 권좌에서 끌어내렸다. 5.18 역시 중고등학생들의 참여를 빼놓고는 온전히 설명할 수 없다. 당시 18명의 학생이 희생되었는데, 계엄군의 무차별 총기 난사로 학살된 이들도 있지만, 기꺼이 죽음을 각오하고 총을 든 학생 시민군도 있다. 해

마다 5월을 광주의 청소년들이 각별하게 느끼는 이유다.

"선생님, 당시 그들의 삶과 지금 저희의 삶을 단순 비교하지 마세요. 그들의 숭고한 행동은 존경받아 마땅하지만, 그건 타고난 게 아니라 정의로운 교육을 받은 결과라고 생각해요. 지금 그런 학생들이 나오기 힘들다면, 그건 교육이 잘못돼서지, 애먼 저희를 탓할 건 아니라고 봐요."

순간 아차 싶었다. 역사의 주역 운운하며 당시 학생들의 사례를 열거한 게 듣기 거북했던 모양이다. 목숨 걸고 조국의 독립과 부패 정권 타도, 민주주의를 외쳤던 과거의 10대와는 달리 명문대 진학이 유일한 목표인, 사회에 무관심한 요즘 10대라고 한 강퍅한 대조가 반발을 부른 셈이다.

그에게 곧장 사과했다. 본의가 왜곡됐다는 식의 변명 아닌 변명을 늘어놓으려니 얼굴이 화끈거렸다. 특히 그의 대꾸 가운데 "정의로운 교육"이라는 말은 가슴에 꽂히는 비수였다. 그의 말은 정의를 말하지 않는 교육이 정의로운 인간을 기대한다는 건 연목구어라는 일갈이었다.

요즘 아이들이 '불의는 참아도 불이익은 못 참는' 세대라는 세간의 지적엔 동의한다. 그러나 그건, 그의 말마따나 그들 탓이 아니다. 어릴 적부터 '의^{義}'를 따르기보다 '이^{利}'를 챙기는 것이 현명하다는 걸 가정과 학교에서 충실히 교육해 온 결과일 뿐이다. '착한' 사람보다 '영악한' 사람이 성공하고 우대받는 사회라는 걸 모르는 아이는 없다. 여기서 착하다는 건 정의롭다는 말과 바꿔쓸 수 있고, 영악하다는 건 잇속에 밝고 약삭빠르다는 뜻이다. 심지어 착한 사람은 사회에 나가서 늘 손해만 본다는 말이, 마치 경험이라도 한 것처럼 아이들 입에서조차 무시로 튀어나온다.

수업 시간에 꼭 기억해야 할 핵심 내용이라며 유관순의 생애에 대해 배우지만 그것을 통해 교훈이나 깨달음을 얻는 아이들은 거의 없다. 핵심 내용이란 시험에 자주 출제된다는 것, 그 이상도 이하도 아니다. 고작 수험용 지식으로 전락한 유관순의 삶은 껍데기만 남았다.

단지 '유관순'만의 문제가 아니다. 가르침과 배움이 가슴을 울리지 못하고 머릿속에만 욱여넣는 고문 같은 게 됐다. 기술이나 과학 교과라면 기능적인 측면에서 써먹을 곳이라도 있지만, 역사 인물의 행적은 아무짝에도 쓸모없는 맹목적 암기 대상일 뿐이라고 비아냥거린다. 유관순의 숭고한 삶에 대해서 배웠지만, 유관순처럼 살겠다고 다짐하는 아이는 단 한 명도 없다. 아무리 후세가 추앙한다고 해도 고작 19년밖에 살지 못하고 유해조차 찾을 수 없는 참담한 삶은 본받고 싶지 않다며 털어놓았다. 이구동성으로 되레 그의 삶이 가엾다고 했다.

"현실에 살지 말고 역사에 살라."

한국사 교사로서, 새 학년이 시작되는 3월 첫 수업 시간에 가장 먼저 아이들 앞에서 건네는 말이다. 이는 일제강점기 학병으로 끌려갔다가 탈출해 대한민국 임시정부의 광복군에 합류했으며, 해방 후 독재정권에 온몸으로 맞선 교육자 김준엽 선생의 좌우명으로 알려져 있다. 아이들에게 역사 공부의 중요성을 강조하기 위해 활용하는 금언이다.

비장하게 아이들 앞에 서지만, 그들은 뜬금없다는 표정을 짓는다. 금과옥조 같은 말 같긴 한데, 전혀 가슴에 와닿지 않는다고 말한다. '피할 수 없는 건 즐겨라'라거나 '아프니까 청춘'이라는 식으로, 고통스러운 현실을 참고 견디라는 것처럼 느껴져 불쾌하다는 아이도 더러 있다. 한국사 교과만의 문제는 아닐 것이다. 학교 교육의 방향은 철저히 아이들 각자의 이해관계에 따라 결정된다. 대학 입시에 도움이 되느냐 여부가 수업의 질을 평가하고 교과를 선택하는 데 절대적 기준이다. 교육의 고갱이일지언정 정의로움 등은 계량화할 수 없어 애초 성취 기준에 부합하지 않는다.

우리 사회에 '공정성'이 화두로 등장한 뒤, 학교 교육은 더욱 획일화되고 형해화하는 모양새다. 착함과 정의로움, 자상함과 성실함 등 정성 평가는 불공정의 대표적 항목으로 죄악시됐다. 인성조차 계량화된 지표로 증명하지 못하면 믿을 수 없다는 식이다. 정확한 순위를 매길 수 없다는 이유로 절대평가조차 믿지 못하는 현실에서, 성적에 섣불리 정성 평가 항목을 반영했다간 곤욕을 치를 게 뻔하다. 교사의 주관이 개입되는 걸 아이들도, 학부모도 용납하지 못한다. 공정하지 않다는 이유에서다. 물론, 자신에게 이익이 된다면 기꺼이 교사의 편에 선다.

결국, 교사들은 '긁어 부스럼 내는' 일을 피하게 된다. 평가에서는 말할 것도 없고, 수업 때조차 논쟁거리가 될 수 있는 내용은 철저히 경계한다. '돌다리도 두들겨 보고 건너는' 심정으로 수업을 준비한다는 교사가 많다. 아무리 교육적인 일이라도 '하지 않아도 될' 일은 웬만해선 하지 않는다.

'좋은' 수업이란 '안전한' 수업이다. 실력이 없다는 조롱을 들을지언정 불공정하다는 비판이나 민원이 제기되면 교사로서 버텨내기 힘들다. 교사에겐 교과서의 내용을 있는 그대로 '공평무사하게' 아이들에게 전달하는 역할만 남았다. 우리 사회는 교사더러 '영혼 없는 교육용 기계'가 되라고 요구한다.

온갖 부작용에도 지난 20년 동안 꿋꿋하게 시행되고 있는 교원 성과급제를 통해 알 수 있듯, 교육자적 열정 역시 계량화된 지표로 평가되고 서열이 매겨진다. 성과급제로 인한 가장 큰 폐해는 교사 집단의 분열이지만, 점수, 고과 등에 연연하는 교사들이 늘어나는 건 당연한 수순이다. 그들조차 평가를 위한 평가일 뿐이라며 볼멘소리를 한다.

그들이 아이들 앞에서 강조하는 건, 당연히 성과와 효율일 수밖에 없다. '결과가 좋으면 다 좋다'는 교육이라면 정의로움을 성찰할 수 있는 공간은 없다. 공정성이 우리 사회의 가장 중요한 덕목이 되었지만, 학교 교육은 되레 나날이 피폐해지고 있는 이유다.

'사표師表'라는 말이 '사어'가 된 세상에서, 교과서 내용에 감화된 아이들을 기대하는 건 무망한 일이다. 한 아이가 웃자고 던진 농담 같은 이야기가 결코 우스갯소리처럼 들리지 않았다. 마치 학교 교육이 '임계점'에 다다랐다고 지적하는 죽비소리였다.

"일제강점기처럼 만약 지금 제국주의 열강에 의해 우리나라가 침탈당한다면, 목숨 걸고 독립운동을 할 사람은 우리 중에 단 한 명도 없을 거라고 확신합니다."

매몰차고 강퍅한 아이들의 '공정함'

"이건 공정하지 않아요."

드디어 올 게 왔다. 언젠가는 아이들로부터 공정성에 대한 문제 제기가 있을 줄 알았다. 수업을 모둠별 퀴즈로 진행하는 데다, 스마트폰을 이용해 무작위로 번호를 추출해 문제를 풀기도 하고 때로는 가위바위보를 통해 우선권을 주는 방식이어서다. 수업이 끝난 뒤 몇몇 아이가 찾아와 모둠별 수행평가에서 운이 상당 부분 작용한다며 불만을 표출했다. 한마디로 운이 개입될 수밖에 없어 공정하지 않다는 것이다. 여태껏 아무 말이 없다가 모둠 감점이 반복되다 보니 애초의 모둠 편성부터 가위바위보까지 모든 걸 문제 삼았다.

잠시 수업 방식을 소개하자면 이렇다. 일단 학기 초 월드컵 시드 배정 방식으로 모둠을 정한다. 자유롭게 정하도록 하면 안 된다. 그러면 대개 성적이 비슷한 아이들끼리 뭉치기 마련이다. 내신 성적에 목매단 요즘 아이들은 반영 비율이 낮은 수행평가 점수에도 무척 민감하다. 그렇다고 성적을 기준 삼아 지그재그 방식으로 편성하는 것도 뭣하다. 평균 성적이 모둠별로 비슷해지는 장점에도 불구하고, 서먹한 아이들끼리 한 모둠이 될 가능성이 크다. 무엇보다 자발적인 선택을 배제하게 되면, 나중 결과에 대해서도 흔쾌히 수긍하지 않는다.

처음엔 모둠 숫자만큼 상위권 아이들을 뽑은 뒤 그들에게 함께할 모둠원을 선정하도록 했다. 예상치 못한 문제가 생겨 이내 번복하고 말았지만, 나름 값진 경험이 됐다. 불가피하게 마지막에 선택된 아이, 곧 누구에게도 선택받지 못하는 아이가 도드라질 수밖에 없다는 점을 미처 예상치 못했다.

역발상으로 다른 아이들이 상위권 아이를 선택하게 하는 방식으로 바꿨다. 마찬가지로 선택받지 못한 아이가 나올 수 있지만, 상위권 아이라면 상대적으로 상처를 덜 받을 거라고 여겼다. 학기 초 사전 공지했을 때도, 이러한 모둠 편성 방식에 아이들 대부분이 동의했다.

적어도 수업 시간에 모둠은 '공동운명체'다. 모둠별 퀴즈는 함께 해결해야 하고, 득점과 감점의 책임도 함께 진다. 다만, 무임승차를 막기 위해 개인별로 푸는 퀴즈를 절반 가까이 끼워 넣었다. 개인별 퀴즈가 없다면 상위권 아이 한 명이 모둠을 '하드 캐리'할 수 있기 때문이다.

　여기서 필연적으로 공정성의 문제가 발생한다. 퀴즈가 한정돼 있어서 모둠별 모든 개인에게 똑같은 기회가 주어지지 않기 때문이다. 무작위로 번호를 추출하는 방식이어서 아는 문제인데도 자신에게 기회가 오지 않을 수 있고, 덜컥 모르는 문제가 걸려 틀리기도 한다. 다른 모둠과 친구가 틀려서 어부지리로 감점을 당하지 않기도 하고, 개인별 문제를 틀려서 같은 모둠원에게 피해를 주는 경우도 왕왕 있다. 애초 25개 문제 중에 쉬운 걸 뽑는 것부터가 운의 영역이다. 그날의 운이 감점을 결정한다는 아이들의 하소연을 마냥 틀렸다고만은 할 수 없다.

　사실 이러한 부작용을 최소화하기 위해 계획을 수립할 때부터 반영 비율을 크게 낮췄다. 모두 100점으로 시작해 2점씩 깎는 체크 리스트 방식인 데다 성적에 10%만 반영되기 때문에 학기 내내 도맡아 감점을 당하는 모둠이 아니라면 크게 부담스러울 건 없다. 그걸 알면서도 문제 삼는 건, 운이 성적에 영향을 끼쳐서는 절대 안 된다는 완고한 인식 때문이다.

　수년 전 굳이 이런 수업을 설계한 이유가 세 가지 있다. 하나는 친구들끼리 함께 도움을 주고받으며 공부하도록 유도하기 위해서이고, 다른 하나는 수업 중 조는 아이들이 없어야 한다는 절박함 때문이었다. 기존의 일방적인 강의식 수업으로는 책상

위에 쓰러진 아이들을 다시 일으켜 세울 수 없다는 걸 절감하던 때였다. 모둠별 퀴즈 수업 때 조는 아이는 거의 없다. 모둠끼리 책상을 붙여 서로 예상 문제를 뽑아 묻고 답하면서, 모둠원에게 폐를 끼치지 않기 위해 각자가 정말 열심히 공부한다. 수업 내내 자기 번호가 뽑힐지도 모르는 긴박함에 아이들은 하나같이 '심장이 쫄깃해진다'라고 말한다. 이런 와중에 딴청 피우는 아이가 있을 수 없다.

무엇보다 수업을 통해 공정성에 대한 획일적이고 삭막한 인식을 교정해 주고 싶었다. 실력도, 재능도, 심지어 도덕성까지도 계량화된 점수로 평가해야 공정하다는 아이들의 고정관념을 교사로서 그대로 두고 볼 순 없었다. 시험조차 '주관식'을 불신하고, '객관식'을 신뢰하는 지경이니 더 말해서 무엇 할까.

'노력 70% : 운 30%'. 불만을 제기하는 아이들에게 수업의 취지를 '비율'로 설명했다. 일단 예습과 복습 등의 노력이 없다면 운이 따라 봐야 아무런 소용이 없다는 점에는 모두가 동의했다. 그런데도 몇몇은 운이 작용하는 여지를 없애야 평가의 공정성과 신뢰성이 확보된다며 뜻을 굽히지 않았다.

성적이 오로지 자신의 노력만의 결과가 아니라는 걸 은연중에 가르쳐주고 싶었다. '꼴등이 있어야 1등도 존재하는 법'이라거나 '더불어 사는 세상을 위해 내 것을 나누자'라는 식의 조언은 아이들에게 더는 공감을 얻지 못한다. '공자님 말씀'이라며 조롱당하지 않으면 다행이다. '한 사람의 열 걸음보다 열 사람의 한 걸음이 더 중요하다'라는 말을 꺼냈다가 한 아이로부터 공산주의적 발상이라며 면박을 당한 적도 있다. 무한경쟁 사회가 가져온 짙은 그늘이다. 그들이 으스대는 실력이라는 것이 온전히 자신의 것이 아님을 교사로서 어떻게든 증명해야 했다.

'부모를 잘 만나는 것도 실력'이라는 망언에 분개하면서도 자신의 실력은 온전히 자신의 노력에 의한 결과물로 여기는 모순을 아이들은 깨닫지 못했다. '부모를 잘 만나는 것'과 자신이 피땀 흘려 노력해 쌓은 실력은 비교 대상이 아니라는 거다. 철저히 아전인수 격인 셈이다. 부모의 경제력과 자녀의 성적이 정비례하는 통계를 보여주면 대번 수긍할 줄 알았다. 하지만, 몇몇 아이들의 반응은 적잖이 당혹스러웠다. 부모 세대의 빈부격차로 발생한 문제를 자녀에게 책임지라는 건 공정하지 않다고 대꾸했다. 아이들에게 공정이란 개념은 이토록 헐겁다.

고작 수업과 성적에 국한할 문제가 아니었다. 공동체의 존속을 위해서는 아이들의 공정에 대한 인식의 지평을 넓히는 것이야말로 가장 시급한 과제라는 생각마저 들었다. 당장 부모와 국가를 선택해서 태어날 수 없다는 사실을 예로 들어, 이 땅에 태어난 것 자체가 운의 범주라는 걸 강조했다. 진도를 나가다 말고, 수년째 내전 중인 미얀마와 이스라엘의 폭격으로 국토가 황폐화한 팔레스타인, 강대국 러시아에 맞서 힘겹게 싸우고 있는 우크라이나의 현실을 수업 주제로 삼은 까닭이다. 그 나라들의 현실을 모르는 아이는 아무도 없으니, 그 어떤 설명도 필요 없고 이 질문 하나면 족했다.

"만약 너희가 대한민국이 아닌, 그곳에서 태어났다면?"
"상상만으로도 끔찍해요. 그 나라의 아이들에 견준다면, 대한민국에서 태어난 건 크나큰 축복이자 행운이죠."
"그렇다면, 우리의 삶도, 일상도, 지금 1~2점에 애면글면하는 점수도 운이 크게 작용한다고 볼 수 있지 않을까?"

오롯이 노력의 산물이라고 여기는 자신의 실력에 겸손해야 한다는 말을 받아들일 여유가 아이들에겐 아직 없다. '시험 때 찍는 것도 운이 아닌 실력'이라고 말하는 그들에게 지나친 요구인지도 모르겠다. 심지어 한 아이는 왜 자꾸만 죄의식을 갖도록 만드냐며 눈을 흘기기도 했다.

그래도 여기서 포기할 순 없다. 아직은 소수일지언정, 미얀마와 우크라이나 친구들을 돕기 위한 모금 활동은 부자나라의 '자선'이 아니라 축복받은 자의 '의무'라고 강조하며 친구들을 설득하는 아이들이 소수일지언정 있다. 아무리 '악화가 양화를 구축하는' 세상이라지만, 그들의 선한 영향력이 쉽게 꺾이지는 않을 것이라 확신한다.

  몇 해 전 코로나로 사람들끼리의 접촉이 어려워졌을 때 비대면 플랫폼 기업들은 엄청난 부를 쌓게 되었고 대면 자영업자들은 막대한 피해를 입었다. 당시 공동체를 위해 정부가 운에 따른 이익을 세금으로 환수해야 마땅하다고 지적하는 아이가 있어 내심 뿌듯했다. 새삼 깨닫지만, 아이들은 나의 스승이며, 난세에도 희망을 버리지 못하는 이유다.

'공정'을 무기로 한 뼛속 깊은 특권 의식

"간호사들이 의사에게 항명한 거잖아요."

 2023년 당시 윤석열 대통령이 이른바 간호법에 대해 거부권을 행사했을 때 한 아이는 이를 짐짓 두둔하며 이렇게 말했다. 모든 법안은 이해관계를 조정하기 위해 발의되기 마련이라며, 이번 간호법도 의사들이 독식하는 이익을 나누자는 요구일 거라고 단정했다. '항명'이라는 두 글자가 귀에 꽂혔다. 그는 의사와 간호사, 간호조무사 등을 직역의 차이라기보다 '위계질서'로 이해했다. 의사는 간호사 위에 군림하고, 간호사는 간호조무사에게 지시하는 걸 당연하게 여겼다. 그러면서도 법안의 취지나 구체적인 내용은 관심 밖이었다.
 우리의 건강과 생명을 책임지는 의료인에 대한 아이들의 인식은 참으로 납작하다. 의사는 '치료'하고, 간호사는 '보조'하며, 간호조무사는 '뒤치다꺼리'한다는 것. 지금껏 기성세대로부터 배운 대로, 병원에 다니며 보고 느낀 대로 이해한 것이니 딱히 그들을 나무랄 일도 아니다. 의사와 간호사를 마치 기업체의 '사장'과 '직원'처럼 이해하는 상황에서 간호법의 제정은 백년하청일 듯싶다. 아이들의 입에서 "아니꼬우면 의대를 가지"라는 비난이 스스럼없이 튀어나온다. 서열화한 학벌 의식이 그대로 투영된 셈이다. 요즘 아이들은 학벌에 의해 신분이 결정된다는 것에 수긍한다. 고등학교까지 서열화한 데다 가정의 경제적 여건에 따라 대학의 간판이 순서대로 정해지는 현실을 두고 선선히 '현대판 골품제'라고도 말한다. 아이들은 '헬조선(지옥 같은 대한민국의 현실)'과 '이생망(이번 생애는 망했다)'이라는 섬뜩한 말에 더는 충격조차 받지 않는다.

  공고한 신분제 사회에서 '순응'은 불가피한 생존 전략이다. 불평등한 사회 구조에 저항하는 건 '패배자의 지질한 몸부림' 정도로 격하된다. 같은 패배자의 입에서조차 어김없이 전가의 보도처럼 "아니꼬우면…"이라는 말이 뒤따른다. 신분 상승의 통로인 시험은 그렇게 우상화된다. 졸지에 의사와 간호사는 시험을 통해 일렬로 줄 세워진 경쟁의 장에서 각각 승자와 패자로 규정된다. 아이들의 인식 속에는, 이겼으니 군림하고 졌으니 무릎 꿇으라는 경쟁의 규칙이 작동한다. 둘의 역할이 서로 다르다는 것도, 환자의 건강과 생명이 우선이라는 당위도 곁가지로 치부된다.

당시 대통령의 거부권 행사와 재의결 부결로 간호법은 폐기됐고, 의사 단체의 파업 계획도 철회됐다. 몇 해 전 전공의까지 합세한 의사 단체의 집단 파업 때도 비슷한 양상이었다. 당시 의사 단체의 요구는 사실상 몽니에 가까웠지만, 정부가 대폭 수용하면서 갈등이 마무리됐다. 정부조차 무릎 꿇게 만든 의사 단체의 '승리'는 아이들에게 무한경쟁과 승자독식을 용인하는 신호로 작동했다. 우리 사회에서 의사에 맞설 수 있는 직업은 없다는 사실을 체득한 것이다. 취지야 어떻든 간호법이 의사에 맞서는 모습으로 비치면서 아이들은 이미 실패를 예견했다.

지금 전국의 모든 인문계고등학교에서 전개되는 '의치한약에 다걸기 현상'은 이로 인한 결과다. 대학입시가 평생을 좌우한다는 생각은 이미 종교가 됐다. 최상위권 아이들의 진로는 단 한 명의 예외도 없이 '의치한약'이다. 흥미도, 특기도, 적성도, 성적 앞에 죄다 무시된다. '다걸기'라는 말마따나, 공부를 인생 건 도박처럼 여긴다. 이름만 대면 다 알 만한 어느 자사고에서는 입학식 때부터 대놓고 "우리 학교의 진정한 졸업식은 '의치한약' 합격증을 받을 때"라고 자랑스럽게 말한다. '의치한약' 진학을 위해 재수, 삼수도 불사하자는 뜻이다.

알다시피, 지금 의치대 합격생 중 고등학교 졸업 후 바로 입학한 경우는 고작 열에 한 명뿐이다. 서울과 지방대 가릴 것 없이 재수는 기본이고, 삼수, 사수로 합격한 사례도 드물지 않다. "일확천금을 위해 목숨 걸고 신항로를 개척한 콜럼버스의 심정"이었다고 눙치는 아이도 봤다. 그렇게 '의치한약'에 합격한 아이들은 전문직이라는 이름으로 엄청난 부와 권력을 보장받는다. 그것도 평생 유지되는 특권이다. 정년퇴직도 없고, 자격을 박탈당할 위험도 거의 없다. 졸업 후 취업이 보장된, 이른바 계약학과에 합격하고도 재수를 고민하는 아이들이 적지 않은 이유다.

최근 학교마다 최상위권 아이들의 자퇴가 늘어나는 것도 이와 무관치 않다. 어떻게든 내신 성적 1등급을 얻기 위해서 학교를 옮겨 다니고, 내신과 비교과 활동에 신경 쓰기보다 오로지 수능에 대비하기 위해 미련 없이 학교를 떠난다. '의치한약 다걸기'에 공교육이 붕괴 직전이다.

대학에서도 '의치한약 다걸기'는 계속된다. 대한민국 최고 학부라는 서울대 이공계열의 별칭은 '의치대 사관학교'다. 합격증을 받는 순간 재수가 시작되고 대학의 강의실은 텅 빈다. 진로담당 교사조차 노벨상을 탈 게 아니라면 과학자보다 '돌팔이'라도 의사가 백배 낫다고 말한다.

인문계열의 변화도 눈에 띈다. 이공계열 아이들의 최종 목적지가 '의치한약'이라면, 인문계열의 경우는 로스쿨이다. 전공을 불문하고 입학과 동시에 로스쿨 대비반이 꾸려지고, 대학 주변에선 사교육이 성업 중이다. 로스쿨 합격률은 신입생 유치를 위한 대표적인 홍보 수단으로 활용된다. '의치한약'을 향한 경쟁이 고등학교 때부터 졸업 후까지 이어진다면, 로스쿨은 대학에 가서 시작된다는 점에서 그나마 나은 편이다. 요즘엔 열 살도 안 된 초등학생을 상대로 의치대 대비반이 생겨나는 현실이다. 1등 직업은 의사이고, 법조인이 2등이라는 그들의 말이 당혹스럽다.

대한민국은 아이들 모두가 의사와 법조인을 꿈꾸는 사회다. 학창 시절, 오로지 그 꿈을 향해 밤낮으로 전쟁 같은 공부를 한다. 그렇듯 '몸을 갈아 넣으며' 하는 데까지 해보다가 극소수의 승자만 남긴 채 아이들 대다수는 좌절을 맛본다. 줄 세우기 경쟁의 피할 수 없는 결말이다.

정작 안타까운 건, 경쟁에서 밀려난 아이들은 '공정'을 앞세운 패자로 낙인찍힌다는 점이다. 만약, 패자가 핑계를 대면 '몰상식'한 행동으로 치도곤당한다. 학교에서조차 패자 스스로 능력과 노력이 부족해서 졌다고 자책하며 반성하는 것이 '공정'과 '상식'에 부합한다고 가르친다. 십수 년 동안 치열한 경쟁을 뚫고 올라선 이들을 부러워할지언정 힐난하는 경우는 없다. '바늘구멍을 통과한 낙타'는 축하받아 마땅하며, 승자독식도 정당화된다. 친구를 사귀는 것조차 사치로 여기는 무한경쟁 속에서 기회의 평등 따위는 애초 아이들의 머릿속에 없는 단어다.

어릴 적부터 경쟁에 찌들어 살아온 아이들에게 학교는 살벌한 전쟁터다. '올곧은 시민을 길러내는 교육 공동체'라거나 '단 한 명의 아이도 포기하지 않는 교육'이라는 당국의 슬로건이 남우세스러울 따름이다. '전사'로 길러진 아이들의 입에서 무시로 튀어나오는 강퍅한 말들을 듣노라면 과연 우리 사회에 미래가 있나 싶다.

"이유와 과정이 어떻든, 결과만 좋으면 다 좋다."
"친구란 없다. 오직 경쟁자만 있을 뿐이다."
"한날한시에 치르는 시험만이 공정하다."

그들에게 '정의'를 부르짖고 '협력'을 아무리 강조해 봐야 '공자님 말씀'일 뿐이다. 경쟁을 완화해야 한다는 주장 역시 당위일 뿐 대안이 되긴 어렵다. 의사와 법조인의 특권을 줄이지 않고서는 백약이 무효다. 제대로 된 민주주의 사회라면, 부든 권력이든, 그 격차를 줄여야 한다.

따지고 보면, 교육개혁도 교육과정을 개정하고 대입 제도를 손본다고 해결될 문제가 아니다. 간호법이 폐기되는 일련의 과정과 의사와 간호사를 위계로 인식하는 아이들을 보면서, 엉뚱하게도 교육개혁의 필패를 직감하게 된다. AI 활용과 지방대 통폐합 따위를 교육개혁이라고 눙칠 게 아니라면 말이다.

지금 학교엔 무한경쟁과 각자도생의 깃발만 나부끼고 있다.

양비론에 묻혀버린 장애인 차별

"장애인들의 절박한 호소를 무시해 온 정치인들도 문제지만, 불특정 다수에게 불편을 끼쳐 소수인 그들의 이익을 관철하려는 장애인들도 문제라고 봐요."

얼마 전 사회적 이슈가 된 장애인 단체의 출근 시간 지하철 시위에 대한 한 아이의 평가다. 그는 또래 아이들 대다수의 생각도 비슷할 거라고 장담했다. 언뜻 한쪽에 치우치지 않은 객관적이고 합리적인 주장인 것처럼 보이지만, 두말할 나위 없는 전형적인 양비론이다. 2022년 출근길 장애인 단체의 지하철역 시위를 문제 삼은 개혁신당 이준석 의원의 주장과 빼다 박은 듯 똑같다.

일부 언론에선 그의 주장을 혐오 발언이라고 규정했지만, 아이들은 그가 사과해야 할 만큼 큰 잘못이냐며 되레 두둔하듯 반문했다. 시위의 방법이 구태의연하다며, 그래서는 여론의 지지를 받을 수 없다며 훈수하는 모습까지 데칼코마니다. 언론이나 SNS 등을 통해 의사를 피력할 수도 있고, 대통령실 게시판까지 열려 있는데 굳이 출근 시간 지하철을 멈춰 세운 건 지나치다고 나무랐다. 도심에서 벌어진 노동자들의 시위로 인해 학원 시간에 늦어 화가 났다는 개인의 경험을 들려주기도 했다. 아이들의 장애인 시위에 대한 인식은 딱 거기까지였다.

뒷맛이 개운치 않았지만, 그다지 놀랄 일도 아니었다. 십수 년 동안 오로지 대입을 향해 책과 씨름해 온 아이들에게 시위란 그 자체로 낯선 단어다. TV에서 사람들이 비장한 얼굴로 머리에 붉은 띠를 두르고 삭발하는 모습이 반복되다 보니 거칠고 부정적인 이미지가 덧씌워졌다. 시위라는 단어에 폭력과 폭동을 연결 짓고 심지어 전쟁을 떠올리는 아이들도 있다. 당장 시위대를 향해 기존의 사회 질서를 파괴하는 불만 세력이라고 낙인찍기도 한다. 왜 시위를 벌이는지 따져보기보다는 그들로 인해 불편해진다는 점만 떠올리며 발끈하는 것이다.

아이들의 삭막하고 비정한 말 중에 정작 내 귀에 꽂힌 건 따로 있다. '소수 장애인'이라는 두 단어. 그들의 주장이 다수 비장애인의 편익을 위해 소수 장애인의 희생은 불가피하다는 것처럼 들려서다. 아이들은 여전히 '최대 다수의 최대 행복'이 민주주의의 본령인 줄로 안다.

오래전 수업 시간에 장애인 이동권 보장을 위한 저상 버스 도입에 대해 토론 수업을 진행해 본 적이 있다. 장애인의 이동권을 보장해야 한다는 점에 반대하는 아이는 당연히 없었지만, 저상 버스 도입에 대해선 의견이 엇갈렸다. 최선의 대안은 아니라는 주장이 힘을 얻었다.

반대하는 쪽에서는 경제적 효율성이 떨어진다는 점을 전가의 보도처럼 내세웠다. 일반 버스와 견줘 차량 가격이 훨씬 비싼 데다, 모든 노선의 버스를 교체한다면 돈이 어마어마하게 들어갈 것이라고 주장했다. 소수의 장애인을 위해 다수의 세금을 낭비해서는 곤란하다는 거다. 시간의 낭비를 문제 삼기도 했다. 장애인이 승하차할 때 비장애인보다 많은 시간이 소요되어 목적지까지 가는 데 더 오래 걸릴 것이라는 뜻이다. 만약 정류장마다 장애인이 타고 내린다면 시간 단축을 목적으로 신설된 간선 급행 버스가 다 무슨 소용이냐며 반문하기도 했다.

당시 그들이 제시한 대안은 '투 트랙'으로 가자는 것이었다. 장애인이 다니는 특수학교가 따로 있듯, 장애인 전용 대중교통 체계를 마련하자는 주장이다. 실제로 장애인 전용 택시가 운행되는 지역은 여럿 있으나 장애인 전용 버스는 없을뿐더러 도입될 가능성도 없다. 그들이 장애인 전용 버스를 떠올린 건 특수학교에서 정기적으로 운행하는 노란 통학 버스를 봐서다. 장애인들이 승하차하기 편하도록 설계된 통학 버스를 종일 운행하도록 하면 큰 비용 들이지 않고 그들의 이동권을 보장할 수 있다는 논리다. 아이들의 장애인 이동권에 대한 인식 또한 딱 거기까지였다.

아이들 대부분은 장애인과 비장애인이 같은 시공간에서 생활해야 한다는 걸 선뜻 떠올리지 못했다. 장애인은 특수학교에 다니고, 특수 설계된 차량을 이용하며, 특수한 직업을 갖게 될 거라고 여긴다. 말하자면, 자신들과는 다른 특수한 사람들이라고 간주하는 셈이다. 왜 그들이 자신들과는 다른 학교에 다니고, 다른 차량에 타며, 다른 직업을 갖는지 생각해 본 적이 없다. 지금껏 그래왔으니 당연하게 여기는 거다. 실제로 아이들은 일상생활 속에서 장애인을 만난 적이 거의 없다고 말했다. 심지어 TV에서 본 사람들이 전부라는 아이도 있었다.

'투 트랙', 곧 장애인 전용 대중교통 체계를 마련하자는 건, 그런 그들에게서 나올 수 있는 최선의 대안이었던 셈이다. 일상생활 속에서 장애인들이 숱하게 겪는 불편함과 부당함을 차별로 인식하지도 못한다. 장애인은 소수라는 생각이 아이들의 머릿속에 뿌리박혀 있어서다.

누구든 장애인이 될 수 있다는 말에도 아이들은 시큰둥하다. 사고 등으로 인한 후천적 장애인이 대부분이라는 사실을 전해도 자신과는 전혀 상관없는 일로 여긴다. 교육과정이 개정될 때마다 장애인과 비장애인의 통합교육이 강조되어왔지만, 늘 '공자님 말씀'으로 끝났다.

　아이들은 믿기 힘들어했지만, 우리나라에서 백 명 중 다섯 명이 장애인이다. 비율로 치면, 출퇴근길 거리를 걷다가 몇 명쯤 만났을 법도 하건만, 길에서 그들을 마주치기란 쉽지 않다. 장애인이 소수라서가 아니라 그들이 섣불리 집 밖으로 나설 수 없기 때문이다. 장애인들이 이동권 보장을 그토록 갈망하는 이유다. 일상생활 속에서 장애인을 쉽게 만날 수 없는 곳이라면 장애인에 대한 차별이 만연한 사회라고 해도 무방하다. '왜 선량한 시민들을 볼모로 잡느냐'고 힐난하기 전에, 지금껏 차별을 감내해 온 그들의 고통에 공감하는 게 먼저다.

　경제적 효율성 운운하는 아이들의 모진 말투가 서운하긴 해도, 본디 그랬던 건 아닐 테다. 몇 년 전, 아이들이 이웃한 특수학교를 수시로 오가며 장애인 친구들과 차도 마시고 봉사활동도 하며 살갑게 지냈던 적이 있다. 두 학교의 교장이 교문을 튼 뒤 생겨난 교류다. 그곳에서 아이들은 공부든 운동이든 배움이 느려도 괜찮다는 평범한 사실을 깨달아갔다. 학교 내 카페에서 바리스타 교육을 받는 장애인 친구들의 솜씨가 조금은 서툴러도 커피 맛은 최고라고 손뼉을 마주치며 즐거워하기도 했다. 그렇게 서로 다를 뿐이라는 걸 가슴에 새겼다.

　그들은 이미 졸업했고, 코로나로 두 해 가까이 이어진 교류가 끊기면서 다시 삭막해졌다. 당시 특수학교를 오가며 장애인 친구들과 온기를 나눴던 아이들이라면 이동권을 보장하라는 장애인의 시위를 어떻게 바라봤을까. 아마도 구태의연하다며 조롱하기는커녕 안타까워하며 발을 동동 굴렀을 성싶다.

  일상생활 속에서 장애인과 비장애인이 스스럼없이 자주 만나도록 해야 한다. 승강기에서 휠체어 탄 이웃과 정겹게 인사를 나누고, 학교에서 몸이 불편한 친구들과 어울려 공부할 수 있다면, 장애인에 대한 편견도, 통합교육이라는 용어도 눈 녹듯 자연스럽게 사라지게 될 것이다. 새삼 깨닫지만, '만남'은 교육에 우선하는 법이다.

'시험 능력주의'의 실상

 2017년 문재인 정부 초기 '인천국제공항 정규직 전환 논란'은 IMF 외환위기로부터 시작된 정규직과 비정규직의 공식적 차별이 업종과 무관하게 우리 사회의 '상수'가 됐음을 증명하는 사건이 됐다.

 과거, 기간제 교원의 정규직 전환 문제가 터져 나왔을 때도 정규 교원과 임용시험을 준비하는 사범대·교육대 학생들을 비롯한 청년세대의 반발이 있었다. 당시 부정적 여론 탓에 비정규직 교사의 정규직 전환은 결국 흐지부지되고 말았다. 정규직 전환에 대한 찬반 주장의 논거 또한 조금도 다르지 않다. 정규직 채용이라고 명시된 시험을 통해 선발되어야만 공정하다는 것이다. 애초 비정규직은 정규직이 아니라는 점을 알고 채용되었기 때문에 일괄적인 정규직 전환은 불공정한 특혜라는 인식이다. 기간제 교원이 일정 기간 근무하면서 학생들과 동료 교사들로부터 수업 역량을 인정받아 정규 교원으로 채용되는 길이 아예 막혀버린 셈이다. 무조건 임용시험을 치러 합격해야만 정규 교원이 될 수 있다. 알다시피, 임용시험 성적과 교사의 자질은 비례하지 않는다.

30년 가깝게 교직 생활하는 동안 자질과 역량이 출중한 기간제 교원들을 여럿 떠나보내야만 했다. 출산 휴가나 병가를 대체하는 경우라면 모를까, 티오(TO)가 있어 열심히 근무하다 임용시험에서 아깝게 밀려난 분들이 적지 않다. 당시 동료 교사들은 학교의 커다란 손실이라며 아쉬워했다.

그게 어디 학교와 교사만의 문제일까. 수십 년에 걸쳐 형성된 한 사람의 자질과 역량을 단 한 번의 시험으로 평가한다는 건 난센스다. 계량화된 수치로 평가될 수 있는 능력이라면, 그리고 또 그것이 꼭 필요한 능력이라면, 4차 산업혁명 시대에 인간보다 인공지능에 맡기는 게 훨씬 더 효율적일 것이다.

"외환위기 이후 우리나라는 완전히 딴 세상이 돼버렸다."

이태 전 퇴직한 한 선배 교사는 이러한 논란에 대한 소회를 이렇게 피력했다. 정규직이 신분이 돼버린 우리 사회의 취업난과 경제적 양극화는 대한민국 공동체를 붕괴시킬 가장 큰 위험 요소라고 강조했다. 그는 단 1초의 망설임도 없이 외환위기를 우리 역사의 변곡점으로 규정했다. 외환위기 이후 모두가 무한경쟁과 각자도생의 가치관을 내면화하면서, 사람들의 정서가 피폐해지고 공감 능력을 잃어버렸다고 단언했다. 청년들조차 '불의는 참아도 불이익은 못 참는' 사회라며 혀를 끌끌 찼다. 대한민국이 신자유주의의 직격탄을 맞고 쓰러졌다는 거다.

그는 일련의 정규직 전환 논란은 자신과 가족 외에는 아무도 믿지 않는 불신 사회의 징후적 사건이라고 말했다. 가짜뉴스에 휘둘린 채 맹목적인 분노만 쏟아내는 이들이 적지 않다는 사실을 지적하며, 불신을 조장하는 언론을 질타했다. 해결책은 학교 교육일 수밖에 없다는 게 그의 결론이었다.

동료 교사 중에선 대체로 젊을수록 정규직 전환 결정에 반대하는 목소리가 컸다. 다만, 찬반 주장에 대한 논리보다도 입장을 밝힌 단체의 면면에 더 주목했다. 그들은 주장의 옳고 그름을 떠나 정규직 노조가 앞장서서 정규직 전환에 반대하고 있다는 사실에 크게 놀라워했다. 정규직 노조의 반대는 자신들의 몫이 줄어드는 것을 받아들일 수 없다는 뜻으로 해석된다. '총액 임금제' 아래에서 정규직 수의 증가는 불가피하게 기존 혜택의 축소로 이어지는 측면이 있다. 물론 손사래를 치지만, 그들이 반대 여론에 숟가락을 얹는 이유가 사람들은 이것이라고 여긴다.

"사회적 약자와의 연대는 노조의 강령 중에 첫손에 꼽는 가치 아닌 가요? 주판알 튕기며 이해관계 따지는 거는 노조도 별반 다를 바 없는 것 같아요. 강령조차 지키지 않을 거라면, 노조 앞에 수식어처럼 붙이는 '민주'라는 단어를 당장 떼어내야 한다고 생각해요."

한 젊은 동료 교사는 노조에 대한 반감을 노골적으로 드러내며 이렇게 반문했다. 과거와 달리 젊은 교사들이 전교조 가입을 주저하는 것도 노조에 대한 완고한 부정적 인식 때문이라고 덧붙였다. 그의 말마따나, 전교조 조합원의 평균 연령이 어느덧 쉰 살에 가까워지고 있다. 그들에게 노조란 특별할 것 하나 없는 이익집단, 그 이상도 이하도 아니다. 이번에 다시 한번 노조가 비정규직의 손을 뿌리치는 모양새가 되면서 그러한 인식이 더욱 굳어질 듯하다. 노조가 '민주화운동의 끝차'였다는 자부심은 그들에게는 호랑이 담배 피우던 시절의 이야기가 됐다. 자기 몫을 움켜쥔 채 나눌 줄 모르는 이들이 무슨 민주 타령이냐는 일침에 모두가 맞장구를 쳤다. 노조에 요구되는 도덕성과 연대 의식이 불안에 포획되어 껍데기만 남았다는 분석이 뒤따른다. 노조조차 불안한 미래를 각자도생의 방식으로 극복하려는 꼴이라고 지적했다.

그렇다면, 아이들의 생각은 어떨까. 시사에 관심이 많은 네 명의 아이들과 해당 사안을 주제로 이야기를 나눠봤다. 전후 맥락을 다룬 신문 기사를 출력해 건네 읽힌 다음 자신의 견해를 말하도록 했다. 기사는 보수 성향의 신문과 진보 성향의 신문에서 각각 하나씩 가지고 왔다.

굳이 보수와 진보, 어느 한쪽에 치우치지 않도록 구색을 맞출 필요조차 없었다. 아이들은 채 다 읽기도 전에 비정규직의 정규직 전환은 불공정하다고 발끈했다. 비정규직 채용이 보편화한 현실은 개혁해야 하지만, 그렇다고 하루아침에 정규직으로 '승진'시키는 건 정의롭지 못하다고 했다.

그들이 말하는 대안은 역시 '시험'을 치르게 하자는 것이었다. 그래야 공정성을 의심받지 않고, 합격자 스스로 떳떳할 수 있다는 논리였다. 현재 비정규직으로 일하는 이들에게 합리적인 수준의 가산점을 주면 어떠냐는 한 아이의 의견은 나머지 셋에 의해 이내 묵살되었다. 정규직으로 전환해주는 대신 비정규직 처우를 획기적으로 개선해주는 방안도 수긍하기 어렵다고 했다. 어쨌든 정규직이 자신의 몫을 스스로 나누지 않는 한, 하나 마나 한 이야기라는 거다. 정규직의 기득권을 인정하면서 해결할 수 있는 방안은 오로지 시험을 통한 '정규직 신분증' 취득뿐이라고 강조했다.

비정규직으로 근무하면서 쌓인 역량을 평가하고 반영하는 차원에서 정규직 전환은 의미가 있다는 반론 역시 아이들에게는 씨알도 먹히지 않았다. 역량을 평가하는 주체가 누구이며, 기준이 무엇인지 당최 믿을 수 없다는 이유에서다. '부모 찬스'의 우려가 크다고 입을 모았다. 한 아이는 이번 논란을 대학 입시의 학생부종합전형에 비유하기도 했다. 끊임없이 공정성을 의심받는 학생부종합전형처럼, 비정규직의 정규직 전환도 같은 맥락이라는 거다. 그들의 역량이 아무리 출중해도, 취업이 하늘의 별따기인 현실에서 시험을 거치지 않는 역량은 신뢰받기 힘들다고 말했다.

아이들은 계량화된 성적이 산출되는 시험만이 공정하다는 인식을 공유하고 있었다. 심지어 컴퓨터가 채점하는 선다형 시험이 담당 교사가 채점하는 서술형 시험보다 더 공정하다고 생각한다. 성적표에 점수나 등급이 표기되지 않고, 성적에 대한 교사의 서술이나 평어가 기재되면 미덥지 않아 한다.

초등학생들이 꿈을 스스럼없이 '건물주'라고 적는 세상이 됐다. 철이 들어 중학생 정도 되면 가정 형편과 자신의 성적을 고려해 구체적인 직업명을 적는다. 고등학생들의 꿈은 현실을 직시해 다시 단순해지기 시작한다. 장래 희망이랍시고 '정규직'이라 적는 아이들이 드물지 않다.

그들은 태어날 때부터 비정규직이라는 말을 듣고 자랐다. 1997년 외환위기를 몸소 겪은 기성세대에게는 '갑툭튀'였지만, 2000년 이후에 태어난 지금의 아이들에게는 조금도 어색하지 않은 용어다. 그들은 노동 시장이 원래부터 정규직과 비정규직으로 나뉘어 있는 것으로 알고 있다.

그런 그들의 눈에 비정규직의 정규직 전환은 이유 여하를 막론하고 '도둑놈 심보'로 비칠 수밖에 없다. 그렇다고 근 20년 동안 무한경쟁과 각자도생을 내면화한 아이들을 탓할 순 없다. 기성세대가 불안이라는 망령에 사로잡혀 아이들이 다른 삶을 꿈꾸지 못하도록 막아왔기 때문이다.

꿈이 정규직이라는 아이들이 대학을 졸업한 후 첫 직장은 비정규직일 가능성이 크다. 어차피 대학을 졸업해 봐야 비정규직을 전전해야 하는 마당에, 대학 입시 대신 9급 공무원 시험을 준비하는 아이들도 있다. 이럴진대, 그들에게 비정규직의 정규직 전환은 '로또'로 받아들여질 수밖에 없다.

30년 전 고등학교 학창 시절, 행복은 성적순이 아니라고 외치며 학력보다 실력으로 평가받는 시대가 머지않아 올 것이라 믿어 의심치 않았다. 한 세대가 지난 지금, 아이들은 실력은 증명할 수 없고 오로지 학력만이 믿을 수 있다고 말한다. 불신이 팽배한 우리 사회의 자화상이다.

정규직이 되기 위해 아귀다툼을 할지언정, 정규직이 신분이 돼버린 사회를 아이들 누구도 문제 삼지 않았다. 그들에게 나눔과 연대의 가치는 현실에서는 경험할 수 없는 교과서 속 용어다. 이 뒤틀린 세상을 어떻게 하면 바룰 수 있을까.

여교사에 대한 '사상 검증'

 새 학년 개학을 앞둔 때 교사들은 경황이 없다. 연간 수업과 평가 계획도 얼추 세워졌고, 한 해 동안 아이들과 함께 생활할 학급 담임교사도 모두 정해졌다. 새 교무실로 이사도 마무리했고, 아이들을 맞이할 교실의 책상과 의자의 상태까지 점검과 수리를 마쳤다.

 최근 들어 여교사가 점점 늘어나는 추세다. 아직은 초등학교와 중학교에 견줘 월등히 적은 숫자이지만, 고등학교에서도 시나브로 '여초' 현상이 현실화하고 있다. 알다시피, 현재 초등학교는 말할 것도 없고, 중학교조차 열에 일곱, 여덟은 여교사다. 학교마다 설치된 여교사 휴게실이 나날이 비좁아지는 이유다. 요즘 들어선 고등학교에서조차 여교사가 아닌 남교사를 위한 별도 공간을 마련해야 한다는 요구가 터져 나오고 있다. 뒤집어 보면, 절대다수인 여교사의 편의를 위한 시설이 학교마다 기본

옵션이 되어야 한다는 뜻이기도 하다.

내가 근무하는 곳만 해도 여교사 화장실이 학교에 달랑 두 곳뿐이다. 전체 학생과 교사 수를 더하면 얼추 800명에 육박하는 제법 큰 학교인데도 여교사를 위한 전용 공간은 그렇듯 턱없이 부족하다. 남학교라는 이유도 있겠지만, 교사의 성비를 고려할 때 시설의 확충이 시급하다.

그런데 배려해야 하는 게 '하드웨어'만은 아니다. 당장 소풍, 수학여행과 같은 단체 체험활동과 체육 행사 등을 진행하는 데도 그들의 난감한 처지와 입장이 충분히 고려되어야 한다. 일례로, 그들이 10대 후반의 거친 아이들과 운동장에서 함께 공을 찰 수는 없는 노릇 아닌가. 듣자니까, 교내 체육대회에서 축구와 같은 종목을 없앤 초중학교가 적지 않다고 한다. 축구는 또래 남학생들이 가장 선호하는 종목이지만, 여교사의 비율이 압도적으로 높다 보니 운영이 부담스럽다는 이유에서다. 방과 후 스포츠 강사라는 직종이 생긴 이유가 아닐까 싶다. 다행인지 불행인지, 요즘엔 고등학교의 체육대회에서도 서로 몸이 부딪히는 격렬한 종목은 줄어드는 추세다. 언제부턴가 그 좋아하는 축구조차 운동장에서 '뛰는' 운동이 아니라 스마트폰을 들고 '보는' 운동으로 성격이 바뀌고 있다. 이는 교사의 성비만을 탓할 문제는 아니라는 이야기다.

남자고등학교에서 여교사가 감내해야 할 고충은 상상을 초월

한다. 여교사들이 고등학교보다 중학교를, 남학교보다 여학교를 더 선호하는 것도 그래서일 테다. 교육청마다 '교권 보호 조례'를 제정한 것 역시 그들을 보호하기 위한 목적이 크다.

남학교에선 수업 시간 때조차 온갖 불편을 감수해야 한다. 교재 연구와 수업 준비만 철저히 한다고 될 일이 아니다. 복장과 표정에서 말투까지 아이들의 '눈치'를 봐야 하는 게 한둘이 아니다. 아이들에게 여교사의 '여성스러움'이 공격과 희롱의 대상이 된 건 어제오늘의 일은 아니다.

공공연한 비밀이지만, 요즘 아이들 앞에서 꺼내서는 안 될 대표적인 금기어가 하나 있다. 페미니즘이 그것이다. 최근 들어 '페미'는 가치관과 정치적 성향을 표현하는 단어가 아니라, 그냥 욕설 중의 하나다. 친구들로부터 페미로 낙인찍히면 그걸로 학교생활은 끝이다.

이는 아이들만의 문제도 아니다. 수업 중인 교사에게도 페미인지 여부를 버젓이 질문한다. 젊은 여교사라면 아예 페미가 기본값이다. 첫 대면에서 여교사가 페미라며 커밍아웃하면 아이들로부터 일상에서 따돌림을 당할 테고, 손사래를 친다 해도 강한 부정은 긍정이라며 의심의 눈초리로 바라볼 것이다.

젊은 여교사는 말할 것도 없고, 아이들 앞에서 페미의 '페'자도 꺼내지 않는다는 교사들이 대부분이다. 수업 도중 괜히 말 꺼냈다간 진도 자체를 나갈 수 없다고 하소연한다. 요즘 아이들에게 페미니즘은 교육해야 할 내용이 아니라 언급하는 것조차 죄가 되는 기피 대상이나. 한 동료 교사는 교과 내용상 어쩔 수 없이 다뤄야 한다면, 페미니즘 대신 여성주의라는 단어를 사용한다고 씁쓸해했다. 페미니즘에 발끈하던 아이들도 여성주의라고 하면 별다른 저항이 없다고 귀띔했다. 그들이 페미니즘이라는 용어에 대해 맹목적 반감을 지니고 있다는 뜻이다.

50대 중반의 남교사인 나조차 페미니즘과 관련한 황당했던 경험이 있다. 한국사 수업 도중 한 아이로부터 김대중 전 대통령도 페미였냐는 어처구니없는 질문을 받았다. "김대중 정부는 여성부를 신설하여 여성의 지위 향상에 노력하였다"라는 교과서 내용을 문제 삼은 것이다. 김대중 전 대통령과 이희호 여사의 관계를 언급하며 페미니즘에 대한 오해와 편견을 불식시키려 애썼지만 역부족이었다. 아이들은 막무가내로 '예', '아니오' 식으로 답해달라고 채근했다. 심지어 김대중 전 대통령 본인은 물론, 그의 계승자를 자처하는 정치인들 모두 페미임이 분명하다고 키득거리는 아이도 있었다.

그의 논리는 지극히 단순하다. 여성부가 현 여성가족부의 전신이고 보면, 그때를 기점으로 우리 사회에 페미니즘이 광범위하게 퍼진 것이라 단정했다. 김대중 정부의 공과 성취를 칭송하는 이들조차 페미니즘에 대한 '원죄'는 부정할 수 없다며 한마디

씩 거들었다.

 김대중 정부의 정책을 두둔했다가 졸지에 페미로 낙인찍혔다. 지질하게도, 20여 년 전 당시의 페미니즘과 지금의 그것이 같을 수도 없고, 남성 혐오로 치닫는 급진적 페미니즘엔 반대한다며 아이들 앞에서 몸을 사렸다. 아이들과 척지게 되면 설득할 기회조차 없다고 여겨서다.

 하물며 젊은 여교사에게 '사상 검증'을 해야 한다고 달려드는 아이들은 상당한 위협 요소다. 얼마 전 한 여교사와 나눈 대화에서 '웃픈 고백'을 들을 수 있었다. 문항의 지문에 페미니즘 관련 내용이 나오면, 질문이 없어도 미리 자신이 페미가 아님을 밝힌 뒤 수업을 진행한다는 것이다.

 당장 뭐라도 해야겠기에 페미니즘을 소재로 한 다양한 읽을거리를 아이들의 휴게 공간인 홈베이스에 비치할 계획이다. 일단 집 서재에 꽂아둔 책들을 열 권 남짓 가져왔고, 학년 초 학교 도서관에 관련 도서를 더 구매해 달라고 요청할 생각이다. 가랑비에 옷 젖는 법이니 말이다.

 남자고등학교에서 여교사가 편안하고 당당하게 수업하고 생활할 수 있을 때라야 비로소 학생과 교사 모두에게 즐거운 배움터가 될 것이라 믿는다. 어디 이뿐이랴마는 여교사들을 걱정하고 배려하는 것은 기실 우리 모두를 위한 일이다.

혹 떼려다 혹 붙인 섣부른 페미니즘 교육

발단은 몇 해 전 교육 실습을 나온 여자 교생 선생님의 황당한 경험을 직접 듣고서다. 한 아이의 느닷없는 질문에 그는 머리가 하얘져 아무런 대꾸도 못 하고 한동안 얼음이 되어 서 있어야만 했단다. 그것도 설레는 마음 가득했던 첫 수업 시간이어서 충격이 더 컸다고 했다.

"선생님, 페미예요?"

첫 인사가 끝난 뒤 곧바로 튀어나온 맥락 없는 질문이었다. 처음 만난 교생 선생님을 향해 다짜고짜 '정체'를 밝히라며 협박한 셈이다. 그 황당하고 무례한 언동에다 아이들이 키득거리며 호응하는 통에 칠판에 학습 목표를 적는 손이 다 떨렸다며 당시의 당혹스러움을 토로했다.

요즘 아이들은 페미니즘의 '페'자만 나와도 너나없이 흥분한다. 페미니즘이 여성주의로 번역된 탓인지 여성주의는 물론, 여성의 권익이나 인권이라는 보편적인 단어조차도 색안경을 끼고 본다. 이럴진대, '메갈'은 아예 발본색원의 척결 대상이다.

이렇듯 '살벌한' 분위기 속에 학교에서 페미니즘 교육은 시도조차 어렵다. 성별과 상관없이 교사도 페미로 낙인찍히는 순간 학교생활이 힘들어진다. 행동거지 하나하나에 신경을 써야 하기 때문이다. 자칫 특이한 말과 행동 하나가 페미임을 보여주는 증거로 활용될 수 있다.

학교에서도 은연중에 페미로 분란이 일어나지 않도록 하라는 주문이 나온다. 갈등의 소지를 미리 없애겠다는 식으로, 아이들이 묻기 전에 스스로 페미가 아니라고 연신 강조하는 교사도 있다. 한 동료 교사는 최근 들어 페미니즘이 과격하게 변했다고 지적하며, 짐짓 그들을 두둔하는 듯한 모습을 보이기도 했다. 사전 공격을 차단하기 위한 '자기 검열'인 셈이다.

여성가족부 폐지. 이는 2022년 대선에서 윤석열을 대통령에 당선시킨 '1등 공신' 공약이었다. 달랑 이 일곱 글자로, 초접전 양상이던 선거에서 20~30대 청년층의 지지를 끌어낸 게 주효했다는 평가를 받았다. 갈라치기 전략이었을지언정 페미니즘에 대한 젊은 세대의 반감이 얼마나 큰가를 온 국민에게 일깨워준 계기였다. 장담하건대, 지금 10대 아이들의 반감은 그때 윤석열에게 표를 몰아준 청년들보다 더하면 더했지, 조금도 덜 하지 않다. 몇몇 아이들은 어떤 후보든 '페미 척결'이라는 공약만 내걸면 이것저것 따져보지 않고 무조건 찍겠다고 말한다. 그들은 더한 혐오 표현도 서슴지 않았다.

이 와중에 페미니즘 교육에 나섰다. 남자고등학교에선 '목숨을 건' 도발이었다. 아이들 앞에서 대놓고 페미니즘을 내걸 수 없어, '낯선 시선으로 세상 바라보기'라는 이름으로 우회했다. 책을 함께 읽은 뒤 소감을 나누고, 강사를 초빙해 강연도 들으면서 퉁명스럽고 강퍅한 마음을 녹여보려고 했다.

1학기 때는 정희진 작가가 2017년에 쓴 《낯선 시선》을 함께 읽었다. 누구든 부담스럽지 않게 읽을 수 있는 페미니즘 입문서라는 판단에서다. 시의적절한 주제를 소재로 쓴 길지 않은 글인 데다 어휘도 쉽고 구어체에 가까워 고등학생 정도면 충분히 소화해낼 수 있으리라 여겼다.

대입 공부에 쫓겨 좀처럼 책 읽을 시간을 내지 못하는 현실이 문제였을 뿐, 내용이 난해하다거나 지루하다는 이야기는 없었다. 빠듯한 일상에도 불과 하루 만에 다 읽었다는 아이도 있었다. 최근에 벌어진 사건들에 주석을 단 현대사 교양 도서 같았다는 느낌을 피력하기도 했다.

그런데 입이라도 맞춘 듯 한결같은 소감이 있었다. 딱히 버겁진 않았지만, 불편했다는 것. 다들 지금껏 믿어 의심치 않던 자기의 생각이 잘못됐다고 건건이 지적하는 듯해 불쾌했다고 꼬집었다. 세상을 바라보는 다양한 시각을 심어주었다며 기꺼워한 아이들도 아예 없진 않았다.

 소감을 나누던 날, 부러 이 책을 선택한 이유를 들려주었다. 단순히 여성주의로 번역되지만, 페미니즘은 사회적 약자와 연대하겠다는 다짐이며, 일상에서 접하는 일들을 낯선 시선으로 보고 이해하려는 노력이라고 설명했다. 몇몇 아이들은 공감을 표시했고, 다른 몇몇은 꿈보다 해몽이라며 비아냥거렸다.

 2학기 때는 미국의 여성학자 게일 피트먼이 쓴 《페미니즘 탐구생활》을 함께 읽었다. 10대 청소년을 위한 본격적인 페미니즘 교양서로, 일상생활 속 다양한 주제와 상황을 설정하여 주요 개념을 쉽게 설명하는 책이다. 페미니즘에 대한 맹목적인 편견을 해소하는 데 제격이다.

 스스로 성평등에 대한 감수성을 점검해 볼 수 있었고, 일상에서 실천할 수 있는 다양한 방법이 안내되어 좋았다는 평가가 많았다. 몇몇은 페미니즘이 여전히 공격적인 느낌이라며 읽기가 조금은 부담스러웠다고 했다. 그는 저자와 직접 만나 대화해보고 싶다는 바람을 전하기도 했다. 이때까지만 해도 절반의 성공이라고 자평했다.

 페미니즘을 우리의 현실과는 동떨어진 구시대적 발상일 뿐이라고 말하는 아이도 있었다. 그는 특별히 남녀의 성역할이 나뉘어 있다고 생각해 본 적이 없다면서, 과거 기성세대의 시각으로 요즘 세대의 가치관을 재단하면 안 된다고 지적했다. 그는 페미니즘을 오랫동안 차별당한 기성세대 여성들이 애꿎은 젊은 남성을 향해 욕하는 거라고 규정했다.

  돌다리를 두드리는 심정으로 첫발은 내디뎠다. 내친김에 전문가를 모시고 대중 강연을 계획했다. 편견은 무지에서 생기고, 편견이 고착화하면 부정할 수 없는 진리처럼 여겨지는 게 다반사다. 특히 어릴 적부터 자극적이고 선정적인 영상에 길든 아이들에겐 더욱 위험하다. 기실 페미니즘을 향한 극단적인 혐오도 그렇게 형성되고 굳어진 것이다. 아이들에게 페미니즘을 정의해보라고 하면, 십중팔구 남성에 대한 역차별과 맹목적인 남성 혐오를 들먹인다. 내세우는 근거조차 허술하기 짝이 없어, 유튜브 등에서 떠들어대는 가십거리가 대부분이다.

  대중 강연은 의도와 결과가 전혀 딴판이었다. 300명 가까운 아이들을 대상으로 한 강연은 주제조차 전달되기 힘들 만큼 내내 어수선했다. 아이들의 쏟아지는 질문에 답변 시간이 길어지면서 강연의 흐름이 매끄럽게 이어지지 못했고, 강사는 당황해하는 낯빛이 역력했다. 아이들은 강의 도중 말을 끊으며 페미니즘을 향한 혐오를 거침없이 쏟아냈고, 강사는 그들에게 혐오 표현을 자제하라며 언성을 높이는 지경까지 이르렀다. 첫술에 배부를 수 없다는 걸 간과했고, 실을 바늘허리에 묶어 쓰려는 꼴이 되고 말았다. 대중 강연은 게도 구럭도 다 잃은 채 실패로 끝났다.

극도로 민감한 주제인 줄 알면서도 순진했고, 준비마저 부족했다. 만시지탄이지만, 강연 대상을 앞서 책을 읽고 소감을 나눈 아이들로 한정했다면 훨씬 더 생산적이었을 것이다. 아이들이 전문가를 만나는 흔치 않은 기회라는 생각에 욕심을 부린 게 화근이었다.

후폭풍은 거셌다. 당장 강사와 아이들 사이에 끼어서 난처한 처지가 됐다. 강연의 취지와 내용을 두둔하려니 아이들로부터 선생님도 페미냐는 질문을 받고, 일상화한 아이들의 혐오 표현에 이해를 구하려니 강사로부터 왜 그런 의견을 두둔하냐는 핀잔을 들었다.

그 자리에서 난 페미이면서 '일베'였다. 양극단이 대립하는 상황에서 중도적 입장은 양쪽으로부터 모두 욕먹기에 십상이라는 평범한 진리를 다시금 깨닫게 됐다. 동료 교사들은 학교에서 페미니즘 교육은 시기상조라는 말을 건네며 나를 위로했다.

잠시 멈춰서기로 했다. 물론, 학교에서 페미니즘 교육이 필요가 없다거나 영영 불가능하다고 여겨서가 아니다. 주제 글귀를 살짝 바꿨듯 우회할 다른 길을 찾아봐야겠다는 생각이다. 시쳇

말로 '일단 칼을 빼 들었으니 썩은 무라도 잘라야' 하는데, 머릿속이 복잡하다.

  성평등의 의미와 필요성을 강조하기보다 여성이 주도해 온 역사적 서사를 소개하는 게 더 효과적일 수 있다. 지금 "하늘의 절반은 여성이 떠받친다"라고 일갈한 마오쩌둥의 어록을 다시 읽고 있다.

시험 답안지에 버젓이 등장한 '짱깨'

얼마 전 갓 부임한 동료 교사로부터 엉뚱한 질문 하나를 받았다. 요즘 아이들과 세대 차이가 난다고 느낄 때가 언제냐는 것. 한날한시에 태어난 쌍둥이조차 세대 차이를 느낀다는 우스갯소리가 있을 만큼 급변하는 세상이라 그들과 함께하는 일상 자체가 격세지감의 연속이라고 심드렁하게 대답했다.

첫 제자가 올해 45살인 나 같은 중년의 교사에게 요즘 아이들은 차라리 '외계인'이다. 같은 주제로 대화를 나눌 때도 도중에 말이 끊기기 일쑤다. 관심사도 다르고 세상을 바라보는 관점도 천양지차다. 심지어 말할 때 사용하는 어휘가 달라 의사소통에 애를 먹을 때도 있다.

스마트폰을 자기 몸의 일부로 여기는 세대라는 건 이젠 낡은 기준이다. 활자로 된 텍스트보다 이미지와 영상으로 세상과 소통하는 세대라는 구분도 마찬가지다. 메모장이라고 하면, 남녀노소 누구나 스마트폰이나 태블릿피시 속 앱을 먼저 떠올리는 시대다. 종이로 된 메모장과 필기구를 들고 다니는 사람을 본 게 언제인지 가물가물하다. 이기적이고 버릇이 없는 세대라는 구분도 낡았다. 불의는 참아도 불이익은 못 참는다는 비판 또한 그들에게만 화살을 돌릴 수도 없다. 타인의 고통에 공감하지 못하는 아이들을 향해 손가락질하기 전에 기성세대 스스로 성찰해 볼 일이다. 무릇 '아이는 어른의 거울'이다.

좀 뜬금없지만, 요즘 아이들과의 세대 차이를 가장 두드러지게 느끼는 대목이 하나 있다. 그들이 그렇게 생각하는 이유도 황당하고, 근거랍시고 제시하는 것도 새로울 게 하나 없는 것들이다. 혹여 반론이라도 할라치면, 되레 역정을 내며 죄인이라도 되는 양 몰아세우기도 한다.

난 중국에 대한 인식 차이에서 요즘 아이들과 뚜렷한 세대 차이를 느낀다. 그들이 떠올리는 중국의 이미지는 '더럽고', '폭력적이고', '안하무인'이라는 말로 압축된다. 중국인을 두고 '돈 자랑', '힘 자랑'을 하며 전 세계에 민폐를 끼치는 사람들이라고 이구동성 말한다. 중국이 싫다는 정도를 넘어 '극혐'한다는 아이들이 태반이다. 대화 중에 '짱깨'라는 멸칭을 스스럼없이 사용하고, 심지어 표준어를 사용해야 할 서술형 답안지에 중국 대신 짱깨라고 써넣은 사례도 있다. 최근 아이들 사이의 중국 혐오는 이래도 되나 싶을 만큼 심각한 상황이다.

 기성세대에게도 중국이 그다지 선호하는 나라는 아니었지만, 그렇다고 혐오한다는 이들도 많지 않았다. 6.25 전쟁의 참화를 겪은 노인 세대라면 몰라도, 우리 국민 대다수는 상호 경제적 이해관계에 의해 활발하게 교류하는 이웃 나라 정도로 여겨왔다. 당장 중국 없이는 우리네 밥상조차 차릴 수 없는 형편이다.

 농산물만의 문제도 아닐뿐더러 우리나라에 한정된 문제도 아니다. 여전히 중국은 자타공인 '세계의 공장'으로서 전 세계를 지탱하고 있다고 해도 과언이 아니다. 최근 미국을 중심으로 보호무역주의가 확산되고 코로나 이후 나라마다 리쇼어링(국외로 생산기지를 옮겼던 기업이 다시 본국으로 돌아오는 현상)이 추진되면서 예전만 못하다고는 하지만 중국의 '힘'은 여전히 무시할 수 없다.

 곧, 기성세대의 중국에 대한 인식은 '좋든 싫든 굳이 중국과 척질 것까진 없다'라는 것, 그 이상도 이하도 아니다. 중국 앞에서 주눅들 필요도 없지만, 그들의 치부를 후벼파서 긁어 부스럼 낼 일도 아니라는 게 많은 국민의 보편적인 정서다. 더욱이 남북이 분단된 현실에서 한반도의 평화와 안정을 위해서 그들의 협조는 필수적인 요소다.

 그런데도 요즘 아이들의 정서는 사뭇 딴판이다. 대놓고 중국을 혐오한다는 아이가 세 명 중 두 명꼴이다. 반마다 별로 차이도 없다. 불과 몇 해 전까지만 해도 일본과 북한이 맨 앞자리고, 중국은 러시아, 미국과 비슷한 수준이었는데, 양상이 180도 달라졌다. 미국이 싫다는 아이는 거의 찾아볼 수 없고, 북한도 몇 안 된다. 2022년 우크라이나를 침략해 수많은 전쟁 난민을 양산하고 전 세계에 식량난과 에너지 위기를 초래한 러시아도 비호감도에 있어선 중국의 적수가 못 된다. 나아가 러시아와 중국은 같은 편이라면서, 중국을 이내 호전적인 국가라고 규정한다. 한 아이는 중국을 '전 지구적 빌런'이라고 표현했다.

정작 놀라운 건 따로 있다. 일본에 대해선 예상외로 호의적이라는 점이다. 수업 시간 일제강점기 독립운동사와 친일파의 만행을 나름 상세히 배우지만, 일제의 식민 지배에 분노하는 아이는 그다지 많지 않다. 기억하지 않는 역사는 되풀이된다지만, 수험용으로 전락한 지식은 성찰의 힘을 잃었다.

일본은 '위안부'와 강제적 징용 등 가혹했던 식민 지배를 여전히 반성하지 않고 있지만, 아이들은 크게 괘념치 않는 분위기다. 일제강점기 역사를 오늘날 자신들과 직접적 관련이 없는 과거사로 이해한다. 드물게는 일본 제국주의의 잘못은 반드시 짚고 넘어가야 하지만, 이미 오래전 일로 지금의 일본인들에게 책임을 떠넘기는 것도 온당치 않다고 말하는 아이도 있다.

친일 잔재 청산 문제에 대한 아이들의 인식 역시 비슷하다. 일제강점기 친일파의 행적에 대해선 밑줄 그어가며 공부하지만,

해방 후에도 여전히 친일파가 득세하고 그들의 후손이 이 땅의 정치 경제 권력을 손에 쥐고 있다는 데까지는 좀체 나아가질 못한다. 심지어 대체 언제까지 친일 청산을 외쳐대야 하느냐며 반문하는 경우마저 있다. 이쯤 되면 어안이 벙벙해진다. 외려 친일 잔재 청산보다 근래 방사능 오염수 방류 문제를 아이들은 훨씬 더 심각하게 여긴다. 요즘 중국보다 일본이 더 싫다는 아이에게 이유를 부러 물어보면, 과거 식민 지배를 언급하는 경우는 거의 찾아볼 수 없다. 오염수 방류 문제가 사회적 이슈가 안 됐다면, 아이들의 비호감 국가에서 일본이 아예 빠졌을지도 모를 일이다.

아이들이 중국이 싫다며 꺼내놓은 근거인즉슨 이렇다. 민주주의를 억압하는 중국 정부의 행태를 첫손에 꼽았다. 홍콩을 반환받으며 내건 '일국양제'의 약속을 헌신짝처럼 버리고 시위를 무자비한 폭력으로 진압하는 모습에 치를 떨었다고 했다. 정치적 반대 목소리를 일절 허용하지 않는 일당 독재 사회라는 거다. 언론은 물론, 인터넷 포털까지 통제되는 전체주의 국가라는 비난도 이어졌다. 굴지의 IT 기업으로 성장한 알리바바의 창업자 마윈을 예로 들며, 사기업조차 정부의 하수인처럼 운영되는 모습에서 독재 권력의 민낯을 봤다고 꼬집었다.

무엇보다 중국 특유의 '문화적 오만'을 지적하는 목소리가 컸다. 우리나라의 고유 음식인 김치도, 우리 문화의 정수인 한글도, 심지어 유구한 반만년 역사까지도 버젓이 중국에 뿌리를 두고 있다고 주장하는 모습이 보기 싫다고 입을 모았다. 고구려와 발해가 그들에게 예속된 지방 정권이었다는 '동북공정'은 아이들의 분노를 더욱 키웠다. 2022년 베이징 올림픽 개막식 때 우리 고유의 한복을 곱게 차려입고 오성홍기를 흔드는 조선족의 모습을 지적하는 아이도 많았다. '중화민족의 부흥'을 주제로 한 식전 행사에서 중국 내 여러 소수민족이 자신들의 전통 복식을 입고 등장했다. 사실 조선족도 중국의 소수민족 중 하나이니 딱히 몽니 부릴 일은 아니었지만, 아이들의 중국 혐오를 더욱 부추긴 꼴이 됐다.

안타까운 건, 아이들의 중국에 대한 편견이 나날이 확대 재생산되고 있다는 점이다. 기실 그들이 언급한 근거는 어제오늘의 일이 아닐뿐더러 새삼스러울 것 하나 없는 내용이다. 원인은 중국 혐오를 부추기는 유튜브와 포털 뉴스에 있었다. 몇몇 아이들은 중국의 혐한 정서와 중국인들의 추태를 소재로 한 영상과 뉴스를 검색해 보여주기도 했다.

몰상식한 중국에는 '이에는 이, 눈에는 눈'으로 맞서야 한다고 강조하는 아이도 있다. 숫제 공산주의 국가와는 친하게 지내서는 안 된다는 말까지 거침없이 튀어나온다. 급기야 민주주의 국가인 미국과 일본은 우리 편이고, 공산주의 국가인 중국은 북한,

러시아와 같은 편이라고 인식한다. 아이들의 머릿속은 시나브로 수십 년 전 냉전 시대로 퇴행하고 있다.

  지난 윤석열 정부에서는 이러한 아이들의 퇴행적 인식을 바루기는커녕 되레 이를 국정 지지율 회복의 동력으로 활용하려 했다. 대통령까지 나서서 '혐중 정서'를 더욱 부추겼다. 그들에게 평화로운 세상을 물려주지는 못할망정 전쟁의 위협 속에 살아가도록 방치하는 건, 미래 세대에게 죄를 짓는 일이다. 중국을 악마화해서는 게도 구럭도 다 잃게 될 것이다.

일본'인'과 중국'놈'

　135명(90%) vs. 15명(10%). 조악한 자체 통계일지언정 자못 놀라운 결과였다. 이렇게 극단적 결과가 나오리라고는 예상하지 못했다. 수업 시간에 손들어 조사한, 중국과 일본, 두 나라에 대한 고등학생들의 혐오도 차이다. '둘 중 어느 나라가 더 싫은가?'라는 비호감도 질문에 대한 아이들의 솔직한 답변이다. 물론, 두 나라가 좋다는 아이는 거의 없었다. 그들은 만약 중학생들과 초등학생들에게 묻는다면 그 격차는 더 벌어질 것이라고 장담했다. 2023년 후쿠시마 오염수 방류 문제가 터지지 않았다면 '100:0'이 됐을지도 모른다면서 키득거리기도 했다. '과거' 일본이 저지른 죄는 '현재' 중국이 벌이고 있는 짓에 견주면 '새 발의 피'라고 말하는 아이도 있다.

　일제강점기 의열투쟁 관련 수업 도중에 이야기가 삼천포로 빠졌다. 일제의 강압적인 무단통치에 맞선 의열투쟁의 숭고한 의미를 되새기는, 우리 현대사에서 나름 비중이 큰 부분이다. 약산 김원봉이 주도한 의열단과 백범 김구가 창설한 한인애국단의 활동이 주요 내용이다. 조선총독부와 동양척식회사, 경찰서 등 일제 통치기관을 폭파하고, 일본인 고관대작과 매국노, 밀정 등을 처단하려는 의열단원의 결기는 교과서를 읽는 것만으로도 가슴을 뜨겁게 만든다. 홀로 일본 경찰과 치열한 시가전을 벌이다 끝내 남은 총알 한 발로 자결한 김상옥 의사와 나석주 의사의 삶은 옷깃을 여미게 한다. 스러져가는 대한민국 임시정부의 위상을 되찾기 위한 한인애국단의 활약상도 의열단 못지않다. 그들은 '한 사람을 죽여서 만 사람을 살린다'라는 기치를 내걸고 의열투쟁에 나섰다. 일본 천황을 저격하러 떠나며 애써 웃어 보이는 이봉창 의사의 모습과 '장부는 집을 나서면 살아 돌아오지 않는다'라는 윤봉길 의사의 기개 앞에 누구든 숙연해지기 마련이다.

그러나 일제강점기 핏빛 역사를 공부하는 아이들의 반응은 해가 갈수록 심드렁해져만 간다. 일제의 무자비한 통치와 비인도적인 행위에 더는 비분강개하지 않는다. 숱한 독립운동가의 희생과 역사적 의미를 수험용 지식으로 암기할 뿐, 자신의 삶을 성찰하고 우리 사회에 대한 비판적 사고를 함양하는 데까지는 한 걸음도 나아가지 못한다.

'역사교육의 형해화'가 어제오늘의 일은 아니지만, 문제는 그것이 심해질수록 역사 인식이 납작해진다는 점이다. 예컨대, 윤봉길 의사가 1932년 홍커우 공원에서 폭탄을 던졌다는 건 잘 알지만, 의거의 배경과 영향, 나아가 그것이 지금 우리에게 주는 의미와 교훈에 대해선 무관심하다는 거다. 시험에 나올 것만 외우고 끝내는 셈이다. 더욱 심각한 문제는 그 와중에 친일 잔재 청산이나 6.25 전쟁 전후에 벌어진 민간인 학살 등 진상규명이 필요한 과거사가 시나브로 뒷전으로 밀려난다는 점이다. 오랜 세월이 흘렀다는 이유로 '언제까지 우려먹을 건가'라는 독설이 무람없이 나온다. '과거에 연연하지 말고 미래를 향해 나아가자'라는 건 전가의 보도다.

요즘 아이들은 친일파 문제에 뜨뜻미지근한 반응을 보인다. 일신의 영달을 위해 국가와 민족을 배반했다는 건 지탄받아 마땅하지만, 그들의 죄과는 역사의 법정에서 다뤄져야 할 내용이라는 것이다. 거의 한 세기가 지난 지금, 그들은 이미 '역사 속 인물'이 됐다는 뜻이다.

아이들의 반응은 '언제까지 우려먹을 건가'라는 기성세대의 강퍅한 말과 별반 다르지 않다. 만시지탄이지만, 해방 직후 친일 청산에 실패한 역사의 후과다. 교과서의 내용이 소략한 까닭인지, 그들은 친일 청산의 실패가 극심한 좌우 대립 속에 6.25 전쟁으로 귀결됐다는 사실을 쉬이 연결 짓지 못한다.

그들은 친일 청산 문제와 전쟁을 도발한 북한 공산군의 책임을 묻는 문제를 서로 무관한 '독립변수'로 여긴다. 결국 둘 중 어디가 더 나쁘냐는 식의 '저울질'이 세상을 바라보는 역사관의 근거로 작용하는 모습이다. 독재 권력을 세습하고 군사력 증강에 매몰된 북한이 일제강점기 강제 징용과 '위안부' 문제 등을 사과하지 않는 일본보다 더 밉다는 말이 스스럼없이 나오는 이유다.

지난 윤석열 정부에선 간도특설대 장교로 독립군을 때려잡던 '공인된 친일파' 백선엽을 버젓이 애국자로 둔갑시키는 일까지 있었으니 더 말해 무엇 할까. 동료 교사들 사이에선 수업 시간에 친일 청산 운운했다가 자칫 '빨갱이'로 낙인찍힐 수 있다는 우스갯소리마저 나온다.

어느새 일제강점기는 아이들의 뇌리에 고려시대의 원 간섭기, 심지어 한 무제가 고조선을 멸망시키고 설치한 한사군과 별반 다르지 않은 역사로 인식된다. 한 아이는, 고려 때 몽골이 우리를 못살게 굴었다고 지금 몽골을 미워하진 않는다면서 일본은 왜 예외냐는 되바라진 질문을 던지기도 했다. 지금 우리 사회의 숱한 모순이 일제강점기에서 비롯됐다는 걸 간과한 셈이다.

세월의 더께로 일본의 허물이 조금씩 잊혀가는 와중에 중국의 민낯이 언론과 방송 등을 통해 고스란히 전해지고 있다. 중국에 대한 부정적인 이미지는 날로 확산하는 추세인데, 기성세대보다 아이들에게서 더욱 도드라진다. 그들의 입에서 중국인은 '중국놈'이고, 중국이라는 나라 이름도 비하 표현인 짱깨다. 아이들이 떠올리는 중국과 관련된 긍정적인 단어란, 이게 긍정적인 의미라고 할 수 있을지는 모르겠지만, 인구 대국, 황하 문명의 발상지, 풍부한 지하자원, 스포츠 강국 정도다. 반대로 부정적인 단어는 기록하자면 한두 페이지로는 부족할 지경이다. 최근엔 더럽고 무례하고 짝퉁이 판치는 곳이라는 기존의 이미지에다 '돈지랄하는 깡패 국가'라는 혹평까지 더해졌다.

"돈 많으면 다인가요? 자기들이 뭐가 대단하다고 이웃 나라를 깔보는 건지 모르겠어요. 일본 애들은 대개 깍듯한데, 중국놈들은 하나같이 말도 함부로 하고 꼴불견이에요. 중국이 뿜어내는 굴뚝 연기에 애먼 우리가 미세먼지로 고통을 겪잖아요. 다른 주장이 있긴 하지만, 어쨌든 코로나가 더러운 중국에서 시작됐잖아요. 누구라도 정부에 맞서면, 쥐도 새도 모르게 잡아가 없애버리는 일당 독재국가잖아요."

아이들이 말하는, 중국을 그토록 혐오하는 이유다. 일견 타당하지만, 확증 편향의 느낌이 없지 않다. 기존의 혐오가 혐오를 더욱 부추기는 꼴이라고나 할까. 사실 그들이 말하는 혐오의 이유가 꼭 중국에만 해당하는 건 아니다. 일본을 비롯한 다른 나라의 행태도 별반 다르지 않으며, 우리가 자성해야 할 대목이기도 하다.

"우리도 은연중에 가난한 이웃을 얕본다. 우리부터 성찰해야 한다. 일본인은 예의 바르고 중국인은 무례하다고 못 박는 건 섣부른 일반화다. 중국보다 우리로부터 비롯된 미세먼지의 폐해가 훨씬 크다. 코로나가 중국에서 시작됐다고 해서 코로나로 인한 인명 피해를 중국의 책임으로 돌리는 건 억지다. 일본은 제2차 세계대전 패전 후 지금까지 자유민주당이 정권을 독식해온, 또 다른 의미의 일당 독재국가다."

이렇게 반론할라치면 아이들은 다짜고짜 왜 중국을 두둔하느냐며 눈을 흘기기 일쑤다. 결국, 그냥 중국이 싫다는 얼버무림으로 대화가 마무리된다. 보기 싫은 사람이 왜 싫은지 꼭 이유가 필요하냐는 반문이 뒤따른다. 물론, 아이들도 자기 손에 쥔 스마트폰과 옷과 가방, 신발 등이 중국에서 생산되고 있다는 것쯤은 알고 있다.

요즘 아이들의 맹목적인 중국 혐오의 근원지는 대체 어디일까. 한 아이는 대번 유튜브를 지목했다. 그들이 즐겨보는 게임 유튜브 등에 중국 혐오를 부추기는 내용이 태반이라는 거다. 거기서 떠도는 혐오 발언이 이내 교실에서도 유행하는 현실을 꼬집으며, 또래들 사이에서 워낙 광범위하게 퍼진 상태라 되돌리긴 어려울 거라고 귀띔했다.

과거 '종북 좌파'가 친일파보다 더 나쁘다는 여론이 비등한 적이 있다. 친일파 재산을 환수해야 한다고 주장하면 '종북 좌파'로 낙인찍혀 치도곤당하던 시절이었다. 지금 쓰임새를 다하고 사라진 '종북 좌파'의 낙인을 '친중 세력'이라는 용어가 이어받고 있는 모양새다.

극우가 득시글거리는 남자고등학교 교실 풍경

극우라는 단어가 요즘처럼 '대우'를 받았던 때가 언제 또 있었나 싶다. 요즘엔 아이들조차 친구들 앞에서 자신을 극우라고 스스럼없이 커밍아웃할 정도가 됐다. 지금껏 정치계는 물론, 일반 대중들 사이에서도 극우라는 말은 상대를 욕보일 때나 사용하는 대표적인 혐오 표현이었다. 지금 학교에서는 당당하게 극우를 자임하는 청소년들이 무럭무럭 자라나고 있다. 당장 '페미 척결의 전사'로 자리매김하면서 또래들 사이에서 인기를 독차지하는 모양새다.

그들의 행태를 보면, 과거 2010년대 초중반 10~20대들에게 맹위를 떨쳤던 '일베(일간베스트)'가 진화한 모습이다. 당시 일베는 사회적 약자를 대상으로 아무런 맥락도 없이 조롱하며 재미를 느끼는 지질한 아이들의 '놀이터'였을 뿐이다. 그저 일베를 인터넷 게임의 일종으로 여기기도 했다. 공중파 방송에 연일 기

사회될 정도로 일베의 위세는 대단했지만, 또래들 사이에서 커밍아웃하는 경우는 아예 없었다. 일베 사이트에 눈길만 줘도 곧장 '일베충'이라고 낙인찍힌 채 조리돌림당하기 일쑤였다. 정반대의 의미일지언정, "너 일베지?"는 요즘의 "너 페미지?"와 같은 서슬 퍼런 질문이었다.

당시의 일베는 요즘 '펨코(FM코리아)' 등으로 '업그레이드'되어 활동 중이다. 일베가 요즘 극우 청소년들의 선조 격인 건 맞지만, 그들을 '일베의 아류' 정도로 간과해선 곤란하다. 인터넷의 익명성에 숨어 낄낄대던 과거의 지질한 모습과는 판이하다. 선정적이고 자극적인 영상을 마구 퍼 나르고 온갖 욕설로 대꾸하며 '좋아요'를 갈구하던 시대는 끝났다.

그들은 이제 양지로 나와 당당히 토론을 요구한다. 예전 같으면 찬반 토론의 주제로 거론될 수도 없었던 사안조차 서슴지 않고 논쟁하자고 말한다. 예컨대, 핵무장의 당위성을 주장하는가 하면, 항구적인 평화를 위해 전쟁이 불가피하다고 잘라 말하는 아이마저 있다. 그들의 주장을 일별해 보면, 극우 청소년들의 공통적인 인식을 알 수 있다. 요즘 일부 정치인들이 부르대는 주장과 비슷해 보이지만, 시시각각 여론의 눈치를 살펴야 하는 그들과 달리 발언에 거침이 없다. 시나브로 교실에서 힘을 발휘하고 있는 극우적 주장들을 열거해 본다.

우선, 그들은 '시험 능력주의'를 철저히 신봉한다. 시험을 통해 개인의 역량을 정확히 검증할 수 있다고 보지는 않지만, 시험을 통해 계량화된 객관적 지표가 차별의 근거로 쓰이는 데는 예외 없이 동의한다. 그들이 서열화한 학벌 구조를 필요악이라고 여기는 것도 그래서다. 의치대나 'SKY'에 다니는 아이들의 학벌 구조 혁파 주장은 먹혀도, 지방대생이 그런 이야기를 꺼내면 대번 '지질한 X의 푸념' 정도로 치부한다. 징징거리지 말고 아니꼬우면 시험 성적을 통해 말하라고 무질러버린다. 차별은 시험으로 증명된 능력에 대한 정당한 처분이라는 거다.

둘째, 이승만과 박정희, 두 전직 대통령에 대한 재평가가 필요하다고 주장한다. 말이 재평가지, 민주주의를 압살한 독재자라는 기존의 역사적 평가를 수정해야 한다는 뜻이다. 그들이 저지른 과오는 인정하되, 그로 인해 가려진 공적도 함께 평가하는 게 공평하다고 목청 돋운다. 이승만이 없었다면 적화통일을 막지 못했을 거라는 주장은 아이들에게도 전가의 보도다. 외교적 수완을 발휘해 미국을 우방으로 만들었고, 전쟁으로 폐허가 된 나라를 일으켜 세웠다고 강조한다. 그가 하버드대와 프린스턴대에서 받은 박사 학위를 거론하면서, 적어도 같은 독재자라도 북쪽의 김일성에 비해 백배 천배 낫지 않느냐고 반문한다. 박정희라는 이름을 경제 성장의 상징으로 여기는 건 아이들도 똑같다. 그의 친일 부역도, 독도와 '위안부' 문제 해결을 요원하게 한 굴욕

외교도, 미국의 용병으로 팔려 간 베트남 파병도, 희대의 악법이라는 유신 헌법과 긴급조치도, 전태일의 분신과 YH 무역 사건으로 대표되는 극심한 노동 탄압도, "이만큼 먹고살게 된 게 누구 덕이냐?"라는 질문 하나면 죄다 무시된다. 아이들조차 그 모든 것들을 경제 성장의 '자잘한' 기회비용 정도로 인식한다.

셋째, 동남아 등지에서 온 외국인 노동자(외노자)를 비하한다. 또래들끼리 친구들의 외모를 조롱할 때 흔히 외노자 닮았다고 말한다. 그들이 우리 국민의 일자리를 빼앗고 임금을 낮추는 데 악영향을 끼치고 있다며 눈을 흘긴다. 심지어 그들의 이민을 막지 못할 거면 경제적 여건을 기준 삼아 차별적으로 허용해야 한다고 주장한다. 특히 중국인에 대한 혐오는 노골적이고도 극단적이다. 위생 관념과 공공의식이 부족하다는 지적은 약과다. 중국 앞에는 후안무치하다거나 돈지랄한다는 수식어가 꼬리표처럼 따라붙는다. 김치도, 한복도 자기 것이라고 우기는 등 이웃 국가에 대한 배려는 눈곱만큼도 없다고 한다. 아예 중국을 세계인들의 '공공의 적'으로 규정한다.

넷째, 정치적 올바름, 이른바 'PC^{Political Correctness}'에 대해 강조하는 행위를 꼴불견, 나아가 폭력으로 여긴다. 서구에서 비롯된 PC는 기실 국적과 성별, 사상과 종교, 장애 등을 이유로 사람들을 차별해서는 안 된다는 취지로 시작된 사회 운동이다. 그런데, 정확함을 의미하는 'Correctness'가 '올바름'으로 번역되면서 편견과 논란이 빚어졌다. 말장난 정도로 여겼던 PC가 부도덕성을 공격하는 소재로 쓰이자, 반격이 시작됐다. '꿀 먹은 벙어리'나 '눈먼 돈'이라는 일상 표현이 장애인을 희화화했다는 이유로 비판받고, 기존의 '유모차'를 '유아차'로 바꿔야 한다는 지적에 아이들은 해도 너무한다는 반응을 보였다. 급기야 조세희의 소설 《난장이가 쏘아 올린 작은 공》이라는 제목도 '왜소증 환자가 쏘아 올린 작은 공'으로 바꿔야 하는 거냐며 한껏 조롱했다. 아이들은 PC를 내로남불과 동의어로 여긴다. 늘 입바른 소리를 하지만 막상 행동은 여느 사람들과 별반 다르지 않은 이들을 'PC충'이라며 폄하하곤 한다. 아이들 사이에선 표리부동한 인간을 지칭하는 경멸의 단어다. 차별을 막자는 운동이 되레 편견과 차별을 공고화하는 결과를 낳고 말았다.

마지막으로, 나날이 심화하고 있는 페미니즘에 대한 혐오다. 이제 '페미 척결'이라는 구호가 더는 극우 청소년들만의 전유물이 아니다. 그들에게서 비롯됐을지언정 이젠 남학생들 다수가 공유하는 가치관으로 자리를 잡아가고 있다. 여자친구를 사귈 때 '사상 검증'부터 시작한다고 선선히 말하는 지경이 됐다. 페미니즘이 PC의 일종으로 간주되면서 아이들 사이에서 여성 혐오 정서가 더욱 강해졌다. 여성의 권리가 강조되면서 남성이 역차별받고 있다는 인식이 광범위하고, 여성가족부를 폐지하지 않을 거면 '남성가족부'도 만들라는 주장까지 내놓는다. 듣자니까,

학교 내에 세간의 여성 혐오 주장에 맞서 남성 혐오 사례를 공유하며 '전투력'을 키우는 동아리까지 꾸려지고 있다고 한다.

 장차 이들이 졸업 후 사회인으로 살아가게 될 세상이 두렵다. 녹록지 않은 세상살이의 '매운 맛'을 보며 아이들이 경험을 통해 체득한 편견과 인식은 자연스럽게 닳고 깨지며 둥글어질 테다. 다만, 교실에서 맞장구치는 목소리만 들리는 현실에서 그들의 극우적 신념이 바루어질지는 장담 못하겠다.
 부디 기우이길 바라지만, 스스로 강자와 동일시한 채 약자 혐오와 무한경쟁 의식으로 무장된 극우 청소년들이 학교를 장악해 가는 모습이 확연하다. 교육이 미래에 대한 희망을 심어주지 못하고, 사회의 극단적인 양극화가 극우적 사고의 온상이라는 점엔 이견이 없다. 철학자 마르크스의 일갈을 빌자면, 지금은 세상을 '해석'할 때가 아니라 서둘러 '변혁'할 때다. 우리에겐 시간이 많지 않다.

 사족 하나. 극우 청소년뿐만 아니라 요즘 아이들의 공통점이 하나 더 있다. 종일 유튜브에서 눈을 떼지 못한다는 것, 그리고 오로지 유튜브를 통해 우리 사회의 현실을 들여다보고 이해하고 학습한다는 것이다. 그렇다고 아이들만 탓하자니 뒤통수가 따갑다.

태초에 '문제아'란 없었다

여기저기서 공교육이 무너지고 있다는 비난을 쏟아낸다. 오래 전 초임 시절에도 듣던 이야기라 새삼스러울 건 없지만, 해가 갈수록 목소리가 커지는 것만 같다. 입시제도의 불신 등과 맞물려 공교육에 대한 조롱은 이제 온 국민의 '레저 스포츠'가 되었다. 학교가 제대로 역할을 하지 못하고 있다는 뜻이다. 처음엔 사교육에서 퍼트린 악의적인 헛소문이라 여겨 대수롭지 않게 여겼다. 공교육은 입시에 특화된 사교육을 이길 수 없었고, '학원에서 공부하고 학교에선 잠을 자는' 아이들이 시나브로 늘어났다.

온존한 학벌 구조 속에서 학교가 사교육의 뒤꽁무니만 좇는 신세라고는 하나, 그것만으로 섣불리 공교육 붕괴 운운하는 건 아닐 것이다. 학원과 인터넷 강의로는 대체할 수 없는 학교만의 역할이 있기 때문이다. 학교는 교과 수업만 이루어지는 공간이 아니다.

민규(가명)는 또래 친구들과 어울리지 못하고 종일 겉도는 아이다. 공부에 전혀 관심이 없다 보니, 수업 시간마다 딴청을 피우거나 책상에 엎드려 잠을 잔다. 흔들어 깨우기라도 할라치면, 귀찮다는 듯 그냥 내버려달라고 언성을 높인 뒤 바로 엎드려버린다. 하긴, 수업 시간에 졸거나 자는 등 무기력한 아이는 많다. 다만, 대개 깨우면 얼마 못 가 다시 쓰러질지언정 일어나는 시늉이라도 하지만, 민규는 반항적으로 행동한다는 점이 다르다. 교사든, 아이들이든, 그냥 못 본 척하는 것이 수업에 도움이 된다고 입을 모은다.

문제는, 학급 내 다른 친구들에게 좋지 않은 영향을 끼친다는 점이다. 수업 시간에 잠자는 걸 방치하는 것도 그렇지만, 이따금 반항적인 행동에도 관용적인 태도를 취하는 건 교육적으로 잘못된 대처 방식이다. 때론 일벌백계가 가장 좋은 교육일 수 있다. 형평성과 일관성 면에서도 그렇다. 같은 잘못을 저질렀는데도 아이에 따라 다른 처벌이 내려진다면 더는 교육이 이루어지기 힘들다. 생활지도와 관련해 교사와 학생 간의 신뢰에 금이 가면, 수업은 물론 학교 교육에 대한 총체적인 불신을 가져오게 된다.

그렇다고 일률적인 잣대를 들이미는 것도 위험하다. 교육에 있어 신상필벌은, 형평성과 일관성을 염두에 두되 아이의 성격과 습관, 가정환경 등을 종합적으로 고려하여 판단하고 결정해야 한다. 섣불리 이루어졌다간 자칫 게도 구럭도 다 잃는 상황에 직면할 수도 있다. 말 그대로, '케이스 바이 케이스(Case By Case)'다. 교사에게 생활지도란 관용과 일벌백계 사이에서 끊임없이 줄을 타야 하는 '종합 예술'일지도 모른다. 그러자면 수시로 아이들과 상담하며 그들의 신뢰를 얻을 수 있도록 정성을 들여야 한다. 이야말로 교육의 본령인 까닭이다.

하지만 이게 말처럼 쉽지는 않다. 교사와 아이가 서로 마주 앉아 있어도 전혀 접점이 찾아지지 않는 경우가 다반사다. 그저 세대 차이라며 스스로 위안 삼지만, 십인십색 아이들의 말에 공감하기란 여간 힘든 일이 아니다. 교칙에 적혀있는 대로 하는 게 편하다고 말하는 이유다.

결국, 민규의 모난 행동에 대해 교사들끼리 논의하는 자리가 마련됐다. 담임교사는 그동안의 상담 내용을 소개하며 마음의 상처를 시급히 치유해야 한다고 강조했다. 부모와 교사 등 기성세대에 대한 불신이 커 담임교사와의 만남 자체를 거부하는 모습을 보였다며 안타까워했다.

그는 중학교 시절 학교폭력 등 불미스러운 일에 연루된 적이 몇 차례 있었는데, 그때마다 전학 조처가 내려졌다고 한다. 규정상 가해 사실이 명백하고 피해자가 요구하면 가해자를 전학 보낼 수 있다. 그러잖아도 사춘기인데 내쫓기듯 옮긴 학교에서의 생활이 원만했을 리 없다. 부모도, 교사도, '문제아'인 그를 제대로 보듬어주지 못했다. 부모는 자녀의 잘못을 책망하기 급급했고, 교사는 행정적으로 처리하는 게 급선무였던 듯하다. 민규는 시나브로 자제력을 잃었고, 기성세대에 대한 불신은 이따금 분노와 무기력이라는 상반된 감정으로 표출됐다. 수업 시간에 깨우는 교사를 향해 토끼 눈을 뜨는 게 분노의 표현이라면, 일과 내내 책상에 엎드려 잠을 자는 건 무기력함의 방증이다. 그는 지금 하고 싶은 일도 없고, 되고 싶은 것도 없는 상태다. 부모의 바람 역시 어떻게든 고등학교만 졸업하라는 게 전부다.

담임교사의 말이 끝나자마자 생활교육위원회를 열어야 한다는 주장이 나왔다. 민규로 인해 교실 내 수업 분위기가 흐트러진다는 이유에서다. 학년 초에 견줘 학급의 교과별 평균 성적이 눈에 띄게 떨어졌다는 것이다. 덩달아 결석자도 늘었다며 우려의 목소리를 냈다. 급기야 교사의 교육활동 침해라는 이야기까지 나왔다. 이유야 어떻든, 수업하는 교사에게 대들 듯 행동하는 건 피교육자로서 용서할 수 없는 행태라는 것이다. 이를 방치했다간 다른 아이들에게 잘못된 신호를 줄 수 있다며 일벌백계의 필요성을 언급했다.

드러난 모습만 놓고 보면, 교사의 교육활동 침해가 맞다. 과연 그에게 어떤 처벌을 내려야 할까. 처벌 규정은 학교폭력심의위원회나 생활교육위원회의 처벌 내용과 동일하다. 사안의 경중에 따라 교내봉사나 사회봉사, 출석 정지나 전학 등의 조처를 내릴 수 있다.

생활교육위원회가 결정한 처벌을 받고 나면 민규는 개과천선하게 될까. 아닐 것이다. 처벌은 그를 위한 게 아니라, 학급 내 다른 친구들에게 경각심을 불러일으키기 위한 것일 뿐이다. 이미 민규는 중학교 때부터 온갖 처벌로 단련된 몸이어서 눈 하나 깜빡하지 않을 것이다.

가해자인 그를 두둔할 생각은 추호도 없다. 하지만, 영원히 학교에서 내쫓을 게 아니라면, 교육을 통해 그를 올바른 길로 인도하는 게 학교의 의무이자 교사의 숙명이다. 피해자도, 가해자도, 우리가 끝내 보듬어야 할 아이들일진대, 가해자라고 내팽개쳐서는 곤란하다. 학교폭력이든, 교육활동 침해든, 가해자에 대한 일률적인 전학 조처는 '폭탄 돌리기'와 별반 다르지 않다. 학교 환경이 달라지면 습관과 행동이 변할 수 있다고들 하지만 말짱 헛소리다. 전학은 피해자와 가해자를 강제 격리한다는 것 외에는 아무런 교육적 효과가 없다. 민규 말고도 증거는 차고 넘친다. 전학 조처와 같은 강력한 처벌 위주의 생활지도는 결과적으로 상태를 점점 더 악화시킨다. 정신건강의학과의 전문적인 치료가 필요한 경우라면 모를까, 어떻게든 가정과 학교가 머리를 맞대고 더 나은 방안을 찾아야 한다.

우선, 가정이 제 역할을 해야 한다. 아이가 학교폭력에 연루되거나 학교생활에 적응하지 못하는 원인을 찾아가다 보면, 가정에서 비롯되는 경우가 대부분이다. 부모의 욕망을 고스란히 짊어졌거나, 반대로 방치된 채 어린 시절을 보낸 아이들의 공통적인 후유증이다.

가정에서 부모가 해야 할 역할을 학교에서 교사가 대신할 수는 없다. 그걸 뻔히 알면서도 교사가 아이의 손을 놓지 못하는 건, 그들에게는 학교가 마지막 '기댈 언덕'이기 때문이다. 되바라진 행동에 발끈하기보다, 더한 모욕에도 아이들에게 기꺼이 손을 내미는 교사가 많아져야 한다.

무엇보다 교실 내에서 '문제아'만 도려내면 해결될 거라는 발상 자체가 문제다. 서둘러 상자 안의 썩은 사과를 골라내야 한다는 생각은 섣부르다. 교실을 사과 상자에 빗대는 건 애초에 잘못된 접근이다. 아이들은 가만히 그 자리에서 함께 썩고야 마는 정물 사과가 아니다. 학급 내 다른 친구들에게도 일말의 책임이 있다는 이야기다. '문제아'라는 낙인은 교사보다 또래 아이들로부터 시작되는 경우가 태반이다. 언제부턴가 친구들로부터 괴롭힘을 당하는 왕따든, 친구들을 괴롭히는 드센 아이든, 소 닭 보듯 하며 서로 어울려 지내려는 노력을 찾아보기 힘들게 됐다.

학교는 아이들을 올곧은 시민으로 성장시키기 위한 사회화 기관이다. 다양한 성향의 아이들이 뒤섞여 지내는 가운데 벌어지는 갈등을 스스로 해결하는 훈련을 하는 곳이다. 문제가 발생할 때마다 교칙을 꺼내 들고 처벌로 일관하는 건 갈등 해결의 기회

자체를 박탈하는 일이다.

거침없이 내뱉다 보니, 교사로서 교사를 책망하는 '제 살 뜯기'가 됐다. 아이들의 성정이 날로 흉포화하는 강퍅한 학교 현실에 눈감은 천진난만한 주장이라는 날 선 지적이 나올 줄 안다. 그러나 이것 하나만큼은 분명하다. '문제아'들을 죄다 도려내고 나면 학교는 존재할 하등의 이유가 없게 된다는 점이다. 교사는 그들을 위한 직업이다.

해가 갈수록 통제 불능의 아이들이 늘어나고 있다는 것, 이것이야말로 공교육 붕괴의 지표이자 결과가 아닐까 싶다. 이것이 온전히 학교 책임이라는 뜻은 아니다. 다만, 외부로 탓을 돌린다고 해서 나아질 건 없다는 이야기다. 이는 흡사 담벼락에 대고 욕설을 내뱉는 꼴이다.

이걸 말하려고 에둘러 왔다. '문제아'는 없다. '문제 가정'과 '문제 학교', '문제 사회'가 있을 따름이다. 교사인 우리부터 학교생활을 힘겨워하는 그들에게 '희망의 끈'이 되어주자. 모두가 교사를 향해 무능하다고, 철밥통이라고 손가락질한다 해도, 끝까지 그들을 보듬어주며 그래도 학교만이 희망이라는 걸 보여주자.

민규는 오늘도 자퇴하겠다면서 강짜를 부린다. 그가 걸핏하면 자퇴를 입에 올리는 건 그만큼 주변의 관심과 사랑에 목말라 있다는 방증이다. 요즘 그의 유일한 '친구'는 유튜브다. 등하굣길에도, 밥 먹을 때에도 유튜브만 본다. 유튜브를 못 보게 하니 수업 중엔 잠을 잔다. 그를 깨우다 봉변을 당했지만, 언젠가는 그 스스로 자신의 모난 행동을 성찰할 때가 오리라 믿는다. 모름지기 교육은 기다림이라고 했다.

가짜뉴스를 양산하는 사회, 무기력한 학교 교육

"선생님은 가짜뉴스를 '진짜 뉴스'로 막아낼 수 있을 거라고 생각하세요?"

한 아이의 질문에 순간 당황했다. 우리 사회에는 미리 사실 여부를 꼼꼼하게 확인하는 이들이 있는가 하면, 이미 확증 편향에 길들어 보고 싶은 것만 보고 믿고 싶은 것만 믿는 이들 또한 적지 않다는 걸 어린 그도 깨달은 거다. 유튜브가 가짜뉴스의 온상이라는 건 삼척동자도 다 아는 바다.

그는 나이가 어릴수록 가짜뉴스가 끼치는 해악이 크다고 잘라 말했다. 고등학생인 제 또래 중에도 황당무계한 가짜뉴스를 마치 사실처럼 믿는 경우가 있단다. 하긴 요즘엔 유튜브가 검색 엔진을 대체하고 있고, 토론할 때 유튜브의 내용을 논거로 제시하는 아이들도 적지 않다.

남녀노소 누구나 개인 유튜브 채널을 열고 운영할 수 있는 시대다. 게다가 조회 수를 늘리면 돈도 벌 수 있다는 걸 알게 된 어린아이들조차 가짜뉴스 생산에 적극 뛰어들고 있다고 진단했다. 게임보다 유튜브 채널을 운영하며 '좋아요' 수를 확인하는 게 더 즐겁다고 말하는 아이가 많아졌다. 아이들은 유튜브를 통해 세상을 바라보고, 공부하며, 소통한다. 그들에게 TV는 낡은 물건이 됐고, 공중파 방송은 유튜브의 경쟁 상대가 되지 못한다. 영화관조차 손안으로 들어온 마당에, 이제 그들에게 유튜브 없는 세상은 상상할 수 없다.

그와의 대화는 5.18 민주화운동을 왜곡하고 폄훼하는 한 유튜브 영상에서 시작됐다. 중학생 동생의 소개로 보게 됐다는데, 5.18을 마치 북한군이 침투해 일으킨 폭동으로 묘사하고 있다며 발끈했다. 5.18은 시민들이 불의한 권력에 맞선 항쟁으로서, 이미 사법적 판단과 역사적 평가가 끝난 사건이다.

가히 10여 분짜리 해당 영상은 죄다 거짓으로 점철되어 있었다. 어린아이들을 대상으로 삼겠다는 듯, 10대 유행어와 이른바 '급식체' 등을 섞어가며 5.18을 한껏 조롱했다. 진행자도 말쑥한 정장 차림의 젊은 남성과 여성으로, 스스로 카메라 앞에서 '샘'으로 호칭하고 있었다. 그는 지금도 극우 유튜브 채널을 운영하며 이름을 알리고 있다.

기존 국방부의 보고서 내용조차 부정하는 내용으로, 명확한 근거를 제시하지 못한 허튼 주장이었다. 일일이 반박하는 것조차 민망할 만큼 어처구니없는 막말들이 쏟아졌다. 결국 마지막은 5.18 유가족의 명단을 공개하라는, 태극기 부대와 일부 극우 정치인들의 패륜적 요구였다.

 기실 그들은 오래전부터 진상규명을 요구하면서도, 정작 진상규명을 위한 진상조사위원회의 구성은 집요하게 방해하는 모순된 행동을 보였다. 가해자 격인 국방부의 공식적인 발표를 넘어 역사를 송두리째 부정하는 영상을 제작한 그들의 배짱이 그저 놀라울 뿐이다. 그런 그들에게 유튜브는 날개를 달아준 꼴이다.

 그는 영상 속 '홍어'라는 조롱이 가장 불쾌하다고 했다. 이어 명백히 사실을 왜곡한 가짜뉴스인데도 정부가 버젓이 인터넷에 떠돌아다니도록 내버려 두는 이유가 궁금하다고 했다. 그에게 난, 표현의 자유라는 헌법적 가치를 훼손할 수 있기 때문이라는 교과서적 답변을 건넬 수밖에 없었다.

 교사랍시고 그렇게 답했지만, 실은 내가 정부에 먼저 묻고 싶은 바다. 유신 독재정권에 억눌려온 시민들이 민주주의 수호를 외쳤고, 쿠데타로 권력을 찬탈한 신군부가 그들을 총칼로 대량 학살했다는 건 불변의 사실이다. 이를 왜곡하고 폄훼하는 건 명백한 범죄 행위 아닌가. 이미 전두환과 노태우 등 당시 신군부의 수괴들은 대통령의 특별 사면을 받았을지언정 반란과 내란수괴죄로 대법원의 확정판결을 받았다. 또, 줄곧 북한군 잠입설을 흘리며 5.18을 왜곡해온 극우세력의 주장도 명백한 허위라며 실형을 선고받았다. 무슨 증거가 더 필요한가.

거듭 강조하건대, 5.18은 이미 역사적 평가가 끝난 사건이다. 잇따른 왜곡과 폄훼 행위를 단죄하는 대법원의 판결도 나왔다. 전두환과 노태우는 사망했을지언정 진상규명을 통해 당시 발포명령자를 밝히고, 성폭력 등 인권침해 사례를 조사하며, 암매장과 행방불명자를 찾는 일만 남았을 뿐이다.

그런데도, 5.18을 두고 '다양한 해석이 가능하다'라는 주장이 여전히 장마철 음습한 곳의 곰팡이처럼 피어나고 있다. 민주화운동을 폭동으로 명명한 것도 모자라, 선거철만 되면 유가족을 세금 축내는 '괴물 집단'으로 규정한 정치인들이 스멀스멀 기어 나온다. 그들이야말로 가짜뉴스가 횡행하는 근원인 셈이다.

'허위는 반박하지 않으면 진실이 된다.'

물론 백번 지당한 말씀이다. 다만 인터넷 포털조차 무릎 꿇린 '유튜브 천하'에서는 '공자님 말씀'일 뿐이다. 아이들조차 팩트체크를 통한 자정 작용은 아주 먼 미래의 일이라고 말한다. '악화가 양화를 구축한다'라는 존 그레셤의 법칙이 가장 잘 들어맞는 곳이 바로 유튜브다. 아이들에게 유튜브의 최고 덕목은 재미다. 아무리 가치 있고 의미 있는 내용이라도 재미가 없으면 안 본다. 가짜뉴스를 조목조목 반박하는 유튜브를 만들어 올린다 한들 사람들이 보지 않는다면 아무 소용이 없다. 가짜뉴스와의 재미 경쟁에서 이기기란 여간 힘든 일이 아니다.

 모든 가짜뉴스의 공통적인 특징은 자극적이라는 점이다. 어차피 말하고자 하는 내용 자체가 거짓인 마당에 진행자의 웬만한 욕설이나 비속어쯤은 문제 될 것 없다는 식이다. 옳고 그름을 떠나 내용이 폭력적이고 선정적일수록 조회 수가 치솟는다는 건 유튜브 세계의 불문율이다. 앞서 말한 5.18 왜곡 유튜브 영상의 조회 수도 수십만 회를 훌쩍 넘겼다. 우리나라 사람들로 한정한다면, 100명 중 최소 두세 명 이상이 시청한 셈이다. 참고로, 그 영상의 내용을 논박하기 위해 5.18기념재단에서 제작한 팩트 체크 유튜브의 조회 수는 1만 회 남짓에 불과하다.

 그렇다고 그 두 영상을 함께 시청할 수도 없다. 유튜브의 알고리즘이 전혀 상반된 주장을 담은 두 영상을 연이어 보도록 허락하지 않기 때문이다. '맞춤 동영상'이라는 이름으로 비슷한 성향의 채널을 소개하며, 무심한 시청자들의 확증 편향을 더욱 강화하고 있다.

 안타까운 사례를 하나 소개한다. 가까운 지인 중에 과거 '노사

모'의 열혈 회원으로 활동하셨던 어르신이 한 분 계신다. 노무현 전 대통령 서거 직후 그해 주말마다 천릿길을 마다하지 않고 봉하마을을 찾았던, 자칭 '실버 좌파'시다. 나이가 들면 '꼰대'가 되고 정치적으로 보수화된다는 말이 가장 싫다고 말씀하시곤 했다.

은퇴 이후 요즘 그는 유튜브 보는 게 낙이라고 하셨다. 문제는 그가 볼만하다고 말하는 영상 중엔 가짜뉴스로 의심되는 자극적인 것들이 적지 않다는 점이다. 그의 '맞춤 동영상'을 따라가 보니, 죄다 트로트 경연 프로그램으로 선풍적인 인기를 끈 종편 방송에 닿아 있었다. 그는 트로트 경연 프로그램을 시청한 뒤, 연이어 해당 종편의 뉴스를 듣고, 비슷한 성향의 유튜브 채널로 옮겨가며 여가를 즐기고 계셨다. 그렇다고 그가 노무현을 조리돌린 보수 언론을 두둔하고 보수 정당에 투표할 리는 없다고 믿는다. 하지만 가랑비에 옷 젖을까 두렵기는 하다.

하물며 어린아이들은 유튜브 알고리즘에 더욱 휘둘릴 수밖에 없다. 5.18을 책으로 배운 아이들조차 가짜뉴스에 쉽게 현혹되는데, 유튜브로 처음 접한 경우라면 자칫 위험할 수 있다. 오로지 조회 수 늘리기 경쟁이라면, '진짜 뉴스'는 가짜뉴스를 당해낼 재간이 없다.

"글이든 영상이든 명백한 역사적 사실을 왜곡하면 분명하게 책임을 묻는 강력한 처벌만이 가짜뉴스를 차단하는 유일한 해법이라고 생각해요."

중학생 동생에게도 그대로 들려주었다는 아이의 이 말은, 빼거나 보탤 것 하나 없는 모범정답이다. 5.18은 더 이상 팩트 체크의 대상이 아니다. 표현의 자유 운운하며 합리적 근거도 없이 거짓말을 일삼는 건 희생자의 명예를 훼손하고 유가족을 능멸하는 명백한 범죄 행위다.

덧붙일 게 하나 있다. 일부 정치인들과 학자들은 낡은 학교 교육을 탓하며, 이른바 '미디어 리터러시' 교육을 강화해야 한다고 훈계한다. 유튜브 등에 범람하는 수많은 정보를 비판적으로 해석하며 취사선택할 수 있는 능력을 학교에서 가르쳐야 한다는 뜻이다. 천번 만번 지당한 말씀이긴 하다.

그러나 아이들에게 미디어 환경은 학교 교육의 영향력을 훌쩍 뛰어넘은 지 이미 오래다. 옳고 그름보다 재미의 유무에 집착하는 요즘 아이들의 세태를 부실한 학교 교육 탓으로만 돌릴 수는 없다. 단 10분의 지루함도 못 견디는 아이들에게 최악의 교사는 수업이 재미없는 교사다.

이미 우리 사회는 세금으로 운영되는 공영방송조차 예능 프로그램에 목매단 '예능 지상주의' 사회다. 적지 않은 아이들이 장래 유튜버를 꿈꾸고, '예능감 있다'라는 말을 최고의 칭찬으로 여긴다. 예능 프로그램으로 뒤덮인 미디어 환경이 횡행하는 가짜뉴스의 숙주라고 여긴다면 과연 억측일까. 애먼 아이들과 학교 교육을 탓하기 전에 언론과 미디어 환경을 바로 세우는 게 먼저다.

자녀가 머리는 좋은데, 노력이 부족하다고요?

 학급의 담임교사에게 가장 중요한 업무는 반 아이들과의 관계 맺기, 곧 상담이다. 일과 중엔 틈틈이 아이들을 만나야 하고, 저녁 시간에는 부러 찾아온 학부모들과 마주해야 한다. 학년 초 책상 위 달력은 학부모들과의 상담 약속을 적은 메모로 빼곡하다.
 대개 새 학년이 시작되는 3월 중엔 단 하루도 일찍 퇴근한 적이 없다. 부모님 두 분이 함께 찾아오거나 상담이 길어지는 경우에는 야간자율학습이 끝나는 10시가 다 되어서야 끝나기도 한다. 3월 초에 한 번 뵈었는데도 다시 오시겠다는 학부모까지 있을 정도니, 상담이 언제 마무리될지 기약이 없다. 힘들다고 결코 소홀할 수는 없다. 아이와 학부모 상담은 '1년 농사'를 결정짓는 가장 중요한 시간이어서다.
 상담이라 해봐야 학부모들의 이야기를 듣는 게 전부다. 그들은 자녀의 학교생활에 대해 듣고 싶어 하지만, 아이들에 대해 들려줄 이야기가 변변치 않기 때문이다. 한 달도 채 겪어보지 않은 마당에 아이들의 학교생활에 대해 이러쿵저러쿵하는 건 주제넘은 일이라는 생각도 든다. 그러다 보니, 적어도 자녀의 현재 성적과 입시에 관한 이야기가 오갈 때까지는 학부모가 상담의 '주도권'을 쥐게 된다. 교사의 입장에선 아이의 가정환경과 습관, 성격 등이 궁금하지만, 결국엔 돌고 돌아 자녀의 '갈 수 있는 대학' 이야기로 끝나는 게 보통이다. 상담할 때마다 본의 아니게 아이의 작년 성적표와 내신 등급별 지원 가능 대학 배치표를 손에 들고 가는 이유다.

어색한 인사를 나누고 자리에 마주 앉으면, 아이가 참 좋은 담임선생님을 만났다고 자랑하더라는 상투적인 말로 대화가 시작된다. 아이의 어린 시절 추억 한 꼭지와 꿈에 관한 이야기를 덧붙인 다음, '우리 아이가 머리는 좋은데, 노력이 부족하다'라는 하소연으로 본격적인 상담이 이어진다. 이때부터 헤어질 때까지 성적 외에는 다른 이야기가 끼어들 틈이 없는, 이른바 '상담 공식'이다.

대학 입시를 전제로 한 상담은 시간에 상관없이 늘 허탈감을 준다. 교사랍시고 학부모에게 건네는 대학 입시 정보와 학업에 관한 조언은 인터넷 포털 사이트를 1분만 검색해 봐도 쉽게 찾을 수 있는 뻔한 정보다. 설마 그런 허드레 이야기를 듣기 위해 굳이 시간을 쪼개 학교를 찾아왔을 리는 없을 테니, 배웅할 때면 이따금 뒤통수가 따갑기도 하다.

 담임교사로서 낡은 레코드판 돌아가듯이 매번 비슷한 말만 되뇌게 되는 고충을 과연 학부모들은 알까. 매일 밤 마주 앉아 그들의 이야기를 들어주는 것만으로도 진이 빠져나가는 느낌이 든다. 요즘 들어 퇴근하면 아이들과 제대로 된 대화 한 번 나누지 못한 채 일찌감치 곯아떨어지는 것도 상담의 '후유증'인 것만 같다.

 학부모들은 대체 자녀의 성적이 어느 정도가 되어야 비로소 만족하게 될까. 1등 학부모도, 꼴찌 학부모도 모두 자녀의 성적이 모자란다며 안타까워한다. 각자 원하는 대학과 학과에 진학하기에는 점수와 등급이 부족하다는 거다. 성적이 주춤한 아이들은 말할 것도 없고, 작년에 비해 눈에 띄게 향상된 경우라도 예외는 없다. 자녀의 성적에 대한 학부모들의 '불안감'은 그렇듯 종착역이 없다. 되레 '옆집 아이'와의 비교를 거쳐 확대 재생산되며, 결국엔 무조건 '남의 떡이 더 커 보이는' 병적 수준에 이르게 된다. 고슴도치도 자신의 새끼는 귀여워한다지만, 그런 상황에서 자녀의 장점이 눈에 들어올 리 만무하다.

 학급에는 운동에 탁월한 재능이 있는 아이도 있고, 그림을 그릴 때면 한두 시간이 불과 몇 분처럼 느껴진다는 아이도 있다. 그런가 하면 수준급의 악기 연주 실력을 갖춘 아이도 있고, 자타가 인정하는 가창력을 뽐내는 숨은 재주꾼들도 있다. 그들은 하나같이 운동하고, 그림을 그리고, 악기를 연주하고, 노래를 부를 때 가슴이 뛴다고 입을 모은다.

학부모들도 자녀들의 그런 재능을 모르진 않을 것이다. 그런데도 그들은 그것들을 대수롭지 않게 생각한다. 그저 타고난 '끼' 정도로만 여길 뿐이다. 심지어 '음악과 미술이 밥 먹여주느냐', '음악과 미술을 하는 것처럼 공부를 해 봐라' 등의 말을 자녀들에게 서슴없이 건네기도 한다. 부모가 칭찬과 격려는 못 할망정 어쭙잖다며 자녀의 재능을 나무라는 꼴이다.

'어설픈 재능을 믿다간 죽도 밥도 안 된다'라면서, 되레 담임에게 자녀의 '헛된' 꿈을 돌려달라고 부탁하는 학부모도 있다. 정작 '어설픈' 건 아이의 성적이고, 성적을 올려 원하는 대학에 진학하는 게 '헛된' 꿈일지도 모르는데, 그들은 막무가내로 공부가 전부라고 단언한다. 그런 그들 앞에서 '공부가 전부인가?'라는 반문은 늘 목구멍에서 멈춘다.

오로지 공부만 하라며 자녀에게 집안일 한 번 시켜본 적 없다는 이도 있었다. 아이들 중에는 여태껏 밥을 짓거나 설거지하는 건 물론, 빨래와 청소 한 번 해보지 않았다고 말하는 경우도 적지 않으니, 과장된 표현이라 할 수도 없을 것 같다. 아무튼 입소문이 난 학원을 찾아다니고 값비싼 과외까지 붙여주며 자녀 교육에 '올인'하고 있는 학부모였다.

듣는 순간 그걸 자랑이라고 하나 싶어 대꾸하기가 난감했다. 그만큼 아이를 귀하게 키웠다는 뜻일 테지만, 지난 한 달 가까이 지켜본 아이의 생활 태도는 부모의 기대와는 딴판이었다. 아이가 할 줄 아는 거라곤 공부밖에 없다는 것을 자랑처럼 말하는 부모 앞에서 그것이 자녀의 미래를 망치게 될 거라는 이야기를 차마 꺼낼 순 없었다.

아이들 중에는 빗자루와 밀걸레를 쥐어 줘도 교실을 어떻게 청소해야 하는지 모르는 아이도 있고, 교복과 체육복을 갈아입고 교실 바닥에 아무렇게나 내팽개치는 아이도 있다. 씹던 껌과 코 푼 휴지를 바닥에 뱉고 버리는 건 예사고, 심지어 자기가 생활하는 교실에 가래침을 뱉는 황당한 일도 벌어진다. 이쯤 되면 기본적인 생활 습관이 갖춰져 있지 않다고 봐야 맞을 것 같다. 지난 십수 년 동안 정작 배워야 할 건 배우지 못하고, 주야장천 '엉뚱한' 것만 가르쳐온 적폐가 다 큰 고등학생 때 나타나고 있는 셈이다. 사실 학부모와의 상담이 필요하다면 이런 점 때문일 테지만, 대학 입시를 앞둔 고등학생에게는 그저 대수롭지 않은 문제일 뿐이다. 성적만 올릴 수 있다면, 얼마든지 용인될 수 있고 용인되어야 할 일로 치부된다.

3월 말쯤 되면 여러 학부모를 만나다 보니 요령이 붙는다. 여태껏 8할이 듣는 시간이었지만, 무례를 범하는 한이 있어도 절반 가까이는 내가 말하려고 한다. 교사로서 소신을 당당히 밝히기도 하고, 이따금 주제넘게 나이 든 학부모를 설득하려고도 한다. 그들의 생각이 쉽사리 바뀌리라 기대하지는 않지만, 적어도 가정과 학교에서 아이들의 숨통은 틔워주어야겠다는 생각에서다.

물론, 어른보다 더 어른스러운 아이들도 많다. 내심 내 아이가 저렇게 커 주었으면 싶을 정도로 견실하게 잘 성장한 경우다. 고백하건대, 부모보다 자녀가 더 낫다고 느껴질 때도 있다. 그저 성적이 좋다거나 신체가 건강하다는 뜻은 아니다. 내 기준에 가장 '고등학생답다'라고 생각하는 아이는, 자신의 진로가 명확하게 설정되어 있어 공부뿐만 아니라 학교생활 전반에 동기 부여가 잘 되어 있는 아이다. 그런 아이들은 비록 지금 성적은 낮아도 자신의 미래를 위해 무엇을 언제, 어떻게 하겠다는 의지가 확고하다. 그들에게 필요한 건 부모와 교사의 지지와 격려뿐이다.

하지만 그들의 부모는 자녀의 성적이 낮다는 사실에만 집착한다. 대학 입시 한 방에 자녀의 인생이 달려있다는 오랜 편견이 똬리를 틀고 있어서다. 꽉 막힌 경우지만, 요즘엔 용기를 내어 그들에게 이런 말을 건넨다. 다음의 둘 중 하나를 선택해 보라는 거다. '공부는 잘하지만 진로에 무관심한 아이'와 '진로는 확고한데 성적이 낮은 아이' 중 당신의 자녀가 어떤 아이였으면 좋겠냐고.

아무튼 담임교사를 찾아 상담하고 싶다는 학부모를 막을 순 없지만, 부디 성적에 관한 이야기는 꺼내지 않았으면 좋겠다. 솔직히 수능 점수와 내신 등급별 지원 가능 대학이 어딘지 메모하고 기억하는 게 과연 교사가 할 일인가 싶다. 비록 헛된 바람일지언정 학부모로부터, 아이가 학교에서 하루하루 즐겁게 지내다 올 수 있도록 선생님이 함께해 달라는 말을 듣게 된다면 소원이 없겠다.

책 읽지 않는 사회, 퇴행의 명백한 증거

 지난 윤석열 정부에서 진행된 사회 각 분야의 퇴행이 가까스로 멈춘 듯해서 다행스럽다. 하지만 안심은 금물이다. 올해로 27년차 현직 교사로서 그냥 지나칠 수 없는 심각한 퇴행의 증거는 따로 있다. 아이들이 책과 멀어지고 도서관이 빠르게 무력화하고 있다는 것. 지금껏 도서관과 동아리 활동이 활성화한 곳이 좋은 학교라고 확신해 왔건만, 당장 도서관부터 제 기능을 하지 못하고 뒷방 신세로 밀려나고 있다.
 요즘 아이들 대부분은 책 읽는 즐거움을 모른다. 심지어 '독서'와 '재미'를 양립할 수 없는, 형용모순의 관계로 여긴다. 하물며 같은 책을 돌려 읽고 함께 소감을 나누는 자발적인 독서 모임은 아예 사라지고 없다. 공공연한 비밀이지만, 학교마다 개설된 독서 동아리와 자율 독서 시간은 실상 자습 시간으로 운영된다. 겉만 번지르르할 뿐 아이들의 책 읽는 소리가 사라진 도서관. 결국 교과 수업이나 교직원 회의 등에 주로 활용되는 학교의 공용 공간으로 용도가 바뀌고 있다. 책이 차지하는 공간은 시나브로 줄고, 점심시간이나 쉬는 시간에 누워서 쉬거나 인터넷 검색을 하는 휴게 시설이 그 자리를 차지하는 모양새다. 도서관 내 필수 시설은 책이 꽂힌 개가가 아니라 인터넷 접속이 가능한 정보 검색대다.

딱히 학교 도서관만의 문제도 아니다. 마을의 중심에서 터줏대감 노릇을 해오던 공공 도서관도 존재감을 잃어가긴 매한가지다. 다양한 정보를 공유하는 주민들의 사랑방이자 다양한 문화 체험 공간으로 자리매김해 왔는데, 요즘엔 주민들이 각종 시험을 준비하는 '독서실' 그 이상도 이하도 아니다.

그마저도 '독서실'이라는 이름을 바꿔야 할지 모른다. 몇 해 전까지만 해도 도서관에서 책을 대출하는 사람이 드물지 않았는데, 요즘엔 그마저도 낯선 풍경이 됐다. 남녀노소를 막론하고 '독서실'에서 책을 읽는 사람보다 스마트폰이나 태블릿피시에 열중하는 이들이 훨씬 많다. 책이 꽂힌 개가식 열람실은 주말에도 한산하다. 반면에 노트북과 태블릿피시가 설치된 공간은 주중에도 늘 만원이다. 이쯤 되면 도서관인지 피시방인지 헷갈릴 지경이다. 명색이 공공 도서관인데, 먼지가 세월의 더께처럼 수북이 쌓인 서가의 책들을 보노라면 안타깝기 그지없다.

책을 멀리하는 세태 속에 도서관의 모습은 하루가 다르게 변모하고 있다. 책이 꽂혀있던 자리에 대형 프로젝션 TV가 설치되고, 책상이 가지런하던 열람실은 노트북이 즐비하게 놓인 정보 검색실로 바뀌는 추세다. 이른바 '스마트 기기'가 책을 대신하는 시대가 도래하며 도서관이 직격탄을 맞고 있다. 누구는 사람들이 도통 책을 읽지 않아서 도서관이 제 기능을 상실했다고 하고, 다른 누구는 도서관이 제 역할을 못 해서 사람들이 책으로부터 멀어졌다고도 한다. 흡사 닭이 먼저냐, 알이 먼저냐의 논쟁 같기도 하다. 이 와중에 책 읽기 중심의 도서관 기능을 재고해야 한다는 주장까지 버젓이 나오고 있다. 거칠게 말해서, 종이책은 이제 '구시대의 유물'이라는 뜻이다. 실제로 아이들조차 '종이책은 끝났다'라고 선선히 말한다.

  지난해(2024년) 역사 수업에 교과서 속 사건을 다룬 소설 작품을 활용할 요량으로, 아이들에게 책을 읽어봤는지를 물은 적이 있다. 해당 작품은 5.18 민주화운동을 소재로 한 《소년이 온다》와 조선 시대 병자호란을 다룬 소설 《남한산성》이었다. 두 작품 모두 수십만 부가 팔려나간, 명실공히 우리나라의 대표적인 베스트셀러이자 스테디셀러다. 우리 역사 등 배경지식을 잘 모르는 해외에서조차 호평과 수상이 이어졌고, 영화로도 제작되어 큰 인기를 끌었다. 누구 말마따나, 대한민국 국민이라면 모를 수 없는 작품들이다. 특히 한강 작가의 《소년이 온다》는 노벨 문학상 수상작 아닌가.

그런데 둘 다 읽어봤다는 아이가 225명 중에 단 한 명도 없었다. 그나마 둘 중 하나라도 읽어봤다는 경우가 한 반에 한두 명 있을 따름이다. 출간 후 수십만 부가 팔려나갔다면, 웬만한 집마다 한 권쯤 꽂혀있을 법도 한데 말이다. 개중엔 책 대신 영화를 봤다며 너스레를 떠는 아이도 있다.

그마저 올해(2025년) 만난 아이들은 책을 읽기는커녕 소설의 제목조차 낯설어했다. 한번은 내 인생을 바꾼 책이라며 소설 《태백산맥》을 소개했더니, 대뜸 10권짜리 책을 어떻게 다 읽을 수 있느냐며 고개를 절레절레 흔들었다. 아무리 좋아하는 웹툰북도 여러 권이면 읽기 꺼려진다고 입을 모았다.

하긴 스마트폰을 통해 읽는 가십거리조차도 일단 글이 길면 패스하는 게 불문율이라고 했다. 재미있는 내용이라면 모를까, 굳이 스크롤 해가며 끝까지 읽진 않는다는 거다. 중간에 관련 사진이나, 하다못해 눈길 끄는 광고조차 없는 '맨 글'은 '인내력 테스트용'이라며 조롱하기도 했다. 모르는 한자나 영어 단어를 찾을 때 유용한 두툼한 사전은 숫제 그런 게 있었느냐는 투다. 사전을 공부하는 데 활용하기는커녕 눈으로 직접 본 적도 없다는 아이가 태반이다. 얼마 전 국어사전을 사러 동네 서점에 갔다가 주인으로부터 '웃픈' 이야기를 들었다. 지난 몇 년 동안 사전을 찾는 손님이 단 한 명도 없었다는 거다. 서점 주인이 '최신판'이라고 건넨 사전도 2017년에 인쇄된 것이었다.

'종이책이 끝났다'라는 말은 스마트 기기가 종이책을 대신한다는 뜻일 테지만, 실제론 '글을 읽지 않는다'라는 의미로 이해해야 정확하다. 뉴스나 정보도 영상을 통해 얻고, 소설도 요약본을 읽는다. 국내외 문학 작품들의 핵심 내용을 발췌해 놓은 책이 시중에 대입 수험서로 판매되고 있는 현실이다. 스마트 기기는 활자화한 글이 아닌 영상 등 이미지에 맞춤한 장치다.

긴 글을 자주 접해야 문맥을 이해하고 요지를 파악하는 훈련이 될 텐데, 어려서부터 이미지와 영상에 길든 탓인지 요즘 아이들의 문해력은 심각한 수준이다. 어려운 한자어라도 몇 개 나올라치면 이내 글 읽기를 포기해 버린다. 믿기 힘들겠지만, 한자로 된 제 이름을 쓸 줄 아는 아이가 거의 없다. 이는 제 이름에 담긴 의미가 뭔지 모른다는 뜻이기도 하다.

과거 영화 '기생충'에 대한 한 평론가의 한 줄 평이 화제가 된 적이 있다. "명징하게 직조해 낸 신랄하고 처연한 계급 우화"라는 표현이 지나치게 현학적이라는 질타가 이어졌다. 요즘 젊은 이들에겐 '명징'이나 '직조', '신랄'과 '처연' 등의 단어는 거의 사용되지 않는 '사어'라는 이유에서다. 불과 몇 년이 지난 지금, 사어가 하나 더 늘었다. 지금 아이들은 '우화'라는 단어도 그 뜻을 모른다. 기성세대에겐 어린 시절 필독서였던《이솝 우화》조차 이름을 생소해한다. 고작 여섯 개의 단어로 구성된 문구에서 모두 아는 단어가 '계급'뿐이었다. 아뿔싸. 의인화 등의 방법으로 풍자와 교훈을 전하는 이야기라고 설명했더니, '의인화'가 뭔지, 또 '풍자'가 무슨 뜻인지, 질문이 고구마 줄기처럼 이어졌다.

기우이길 바라지만, 이러다 무궁무진한 표현력을 자랑하는 우리 글의 힘이 위축되지나 않을지 걱정이다. 자주 사용되지 않는다는 이유로 어려운 단어를 하나둘 외면하다 보면, 종국엔 은어와 비속어만 남게 될지도 모른다. 글을 통한 신구 세대 간 의사소통이 어려워지고 있다는 걸 결코 간과해선 안 된다.

현실이 이렇듯 삭막한데도, 독서교육의 최전선이 되어야 할 학교조차 무기력에 빠져 있다. 일부 시도 교육청에선 관내 고등학교마다 막대한 예산을 들여 '스터디 룸'을 구축했다. 학령 인구의 감소로 남는 교실을 대입 준비를 위한 '독서실'로 꾸미도록 한 것이다. 정작 '독서실'에 책은 단 한 권도 없고, 인터넷 강의를 들을 수 있도록 첨단 기자재만 가득 비치해 놓았다.

학교 도서관의 모습도 시나브로 바뀌고 있다. 도서관이 일과 중에 자유롭게 와서 책을 읽으며 쉴 수 있는 곳이라기보다 스마트폰과 태블릿피시를 켜서 영상을 시청할 수 있는 '공용 와이파이 공간'으로 여겨지고 있다. 외양으로만 보면, 책이 가득 꽂혀 있는 서가로 둘러싸인 전용 PC방 느낌이라고나 할까.

거듭 강조하건대, 열쇠는 책 읽기에 있다. 어떻게든 아이들이 책을 읽도록 해야 한다. 그러자면 손 뻗으면 닿을 만한 곳에 책이 놓여있어야 한다. 지금 아이들에겐 '독서실'이 아니라 책 냄새 가득한 도서관이 절실하다. '교육이 백년지대계'라는 건, 기실 책의 효용을 두고 하는 말이다. 스마트 기기의 자극적인 눈맛을 제어하는 건, 결국 코끝을 스치는 알싸한 책 냄새다.

아이들의 '나라 걱정'

"이제 어떻게 될까요?"

윤석열 대통령의 파면 결정 직후, 아이들이 건넨 질문이다. 앞으로 내란 재판을 통해 윤석열이 받게 될 처벌에 관한 게 아니었다. 법정에서 내란 수괴 혐의가 확정될 경우, 최소 무기징역형을 선고받게 된다는 건 이미 아이들에게도 상식이다. 우리나라가 실질적 사형제 폐지 국가여서, 윤석열이 그 '혜택'을 누리게 되는 셈이라며 눈을 흘기기까지 한다.

그렇다고 다음 대통령이 누가 될 것인지 궁금해하는 것도 아니었다. 아이들의 시선은 다음 대통령에 머물러있지 않았다. 대통령 한 명 잘못 뽑아 온 나라가 엉망진창이 돼버렸다면서도, 대통령을 잘 뽑으면 저절로 우리나라가 발전할 거라는 기대도 위험하다고 강조하는 대견한 아이도 있었다.

"이제 과거와 달라져야 하지 않을까요?"

지난 몇 년 동안은 아이들의 입에서조차 '눈 떠보니 후진국'이라는 말이 일상화한 시절이었다. 그들 사이에선 'K-Culture'가 벌어놓은 돈을 윤석열이 다 까먹었다는 조롱이 유행하기도 했단다. 어떤 아이는 부모님이 요즘처럼 대한민국 국민인 게 창피했던 적이 없다고 탄식하시며 아예 TV를 끊었다는 이야기도 전해주었다.

한 아이는 윤 대통령의 파면을 우리 현대사의 시대 구분 기준으로 삼아야 한다고 말했다. '윤석열 전'과 '윤석열 후'는 확연히 달라야 한다면서 환골탈태라는 표현까지 썼다. 지난 2년 반 동안 정부의 숱한 '헛발질'을 통해 우리 사회 기득권층의 민낯이 고스란히 드러났다며, 이를 바루지 않고선 우리 사회가 단 한 발짝도 앞으로 나아갈 수 없다고 했다. '윤석열 내란'은 그 정점이었을 뿐, 그게 전부인 양 여겨선 안 된다는 거다.

그러자면, '공정'과 '상식'의 의미를 제자리로 돌려놓는 게 급선무다. 윤석열이 대선 후보 시절 선거 공약으로 내세운 이 둘은 입 밖으로 꺼내기조차 민망한 단어가 됐다. 누구든 '공정'과 '상식' 하면 윤석열을 떠올리고, 그 가치를 강조할수록 극우 세력으로 오해받는 황당한 지경에 이르렀다. 공정 대신 비슷한 의미의 '공평'을 사용하고, 상식적이라는 표현도 가급적 삼가는 '웃픈'

현실이다. 상식적으로 판단하라는 일상적인 조언을 건네면 윤석열처럼 하라는 거냐며 장난스레 되받아치기도 한다. 애꿎게도 공정과 상식이라는 아름다운 단어가 윤석열로 인해 욕을 먹고 있는 셈이다.

지난 2년 반은 '불공정과 몰상식의 시대'였다는 것을 아이들도 직감하고 있다. 자신과 가족에게는 한없이 관대하고, 비판 세력에게는 서릿발 칼날을 들이댄 윤석열의 행태를 모르지 않는다. 공산 전체주의, 종북주사파, 반국가 세력 등 온갖 혐오 발언을 쏟아낸 그의 모습에 어리둥절해했다.

"하늘이 두 쪽 나도 사면은 안 돼요."

아이들은 벌써 '훗날'을 걱정했다. 아이들의 관심은 사법부의 중형 선고 그다음이었다. 범죄 혐의로 기소되고 형이 확정된 역대 대통령 중에 제대로 단죄된 경우가 있었는지 모두가 반문하고 나섰다. 한결같이 전두환의 전례를 입에 올렸다. 교과서에서도 비교적 상세히 서술하고 있는 데다 몇 해 전 그가 사망했을 당시 다시 한번 화제가 되어 아이들의 머릿속에도 뚜렷이 각인되어 있다. 전두환이 법적으로 단죄받지 않은 채 자연사한 게 우리 현대사의 최대 치욕이라고 부르대기도 한다. 이를 김대중 전 대통령의 정치역정 중 최대 실책으로 규정하는 경우도 적지 않다.

문민정부를 표방했던 김영삼 정부는 1995년 말 12.12 군사반란 및 5.17 내란 혐의 등으로 전두환과 노태우 두 전직 대통령을 기소했다. 당시 검찰은 '성공한 쿠데타는 처벌할 수 없다'라며 그들을 불기소했지만, 직후 헌법재판소는 검찰의 결정을 뒤집었다. 5.18 특별법이 제정되고 공소시효 정지 규정까지 두며 재기소했고, 전두환은 1심에서 사형 선고를 받았다. 2심에서 무기징역으로 감형된 후 대법원에서 확정됐는데, 당시 맨 앞에 적시된 죄목이 '내란 수괴'였다. 지금 특검 수사와 재판 중인 윤석열의 혐의와 동일하다.

그러나 구속수감이 된 지 채 2년도 안 되어 김영삼 대통령에 의해 전격적으로 사면 결정이 내려졌다. 외견상 자신이 처벌한 범죄자를 스스로 풀어준 셈이지만, 당시 대통령 당선인 신분이었던 김대중의 사면 건의가 있었다. 그가 내세운 명분은 '동서화합을 통한 국민 대통합'이었다. 5.18 당시 계엄군에 의해 사형 선고까지 받은 김대중은 정치 보복을 하지 않겠다고 천명하며 전두환을 용서했지만, 전두환은 죽을 때까지 단 한 마디 사과도 남기지 않았다. 선의가 무참히 짓밟힌 것이다. 윤석열에 의해 공정과 상식이 부정당했듯, 전두환에 의해 용서와 사죄가 조롱당했다.

국민 대통합이라는 명분도 가뭇없이 사라졌다. 지역감정은 해

소되지 않았고, 세대별·성별·이념 갈등에다 경제적 양극화까지 더해져 대한민국은 만신창이가 됐다. 반사이익으로 집권하고 갈라치기로 국정을 운영한 대통령 윤석열의 '반정치' 행태는 시나브로 극단화된 우리 사회의 거울인지도 모른다.

"전두환 사면을 건의한 덕에 김대중 대통령이 큰 정치인으로 평가받을 수 있었는지는 몰라도, 그의 오판으로 정의와 법치주의가 훼손되었으니 그 과오 또한 간과해서는 안 된다고 생각해요."

한 아이는 화합과 국민 대통합이라는 말은 허울에 불과하다며, 우리 사회에 정의와 법치주의보다 더 중요한 가치는 없다고 잘라 말했다. 정의와 법치주의가 훼손된 화합과 통합은 한낱 정치적 야합에 불과하다는 거다. 과거의 역사에서 배우지 못하고 또다시 윤석열을 사면한다면 전두환의 '전례'보다 훨씬 큰 해악을 끼치게 될 거라 우려했다. 그는 윤석열이 대통령직에서 파면된 직후 자신의 카톡 상태 메시지를 이렇게 바꿨다고 했다.

'어제의 범죄를 처벌하지 않는 건 내일의 범죄에 용기를 주는 것이다.'

소설 《이방인》의 작가 알베르 카뮈가 남긴 금언인데, 마치 우리나라의 정치인들 들으라고 하는 말 같다며 웃었다.